Auprès du Foyer

PAR

C. WAGNER

Auteur de « *la Vie simple* »

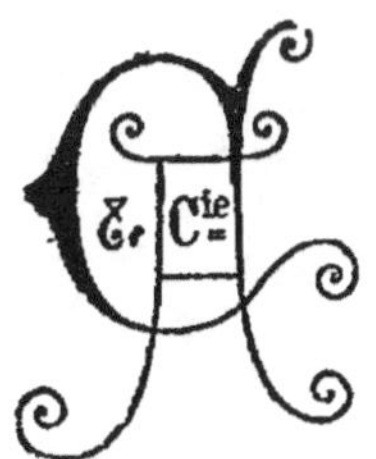

Paris, 5, rue de Mézières

Armand Colin & Cie, Éditeurs

Libraires de la Société des Gens de Lettres

Auprès du Foyer

DU MÊME AUTEUR

La Vie simple (3ᵉ édition). Un volume in-18 jésus, broché (Armand Colin et Cⁱᵉ). **3 50**

Justice. Huit discours (5ᵉ édition). Un volume in-12, broché (Fischbacher). **3 50**

Jeunesse. Ouvrage couronné par l'Académie française (19ᵉ édition). Un vol. in-12, broché (Fischbacher). **3 50**

Vaillance. Ouvrage honoré d'une souscription du Ministère de l'Instruction publique (13ᵉ édition). Un volume in-12, broché (Fischbacher). **3 50**

Le long du chemin (2ᵉ édition). Un volume in-12, broché (Fischbacher). . . . . **2 »**

L'Évangile et la vie. Sermons (3ᵉ édition). Un volume in-12, broché (Fischbacher). **3 50**

En préparation :

Sois un homme! (Leçons de morale pratique dédiées aux écoliers de France.)

Il existe de ces ouvrages des traductions en Anglais, Allemand, Russe, Italien, Suédois, Norvégien, Hollandais.

Coulommiers. — Imp. PAUL BRODARD. — 366-98.

C. WAGNER

AUTEUR DE « LA VIE SIMPLE »

Auprès du Foyer

Paris, 5, rue de Mézières

Armand Colin et Cie, Éditeurs

Libraires de la Société des Gens de lettres

1898

AUX CHERS GRANDS-PARENTS

qui sont allés à Dieu.

A MA CHÈRE FEMME

A NOS ENFANTS

PIERRE, SUZANNE, YVONNE et petit-JEAN

PRÉFACE

Au premier rang des choses qui ne meurent pas, tout en variant sans cesse, nous trouvons la famille. Selon les peuples et les âges, elle apparaît autre.

Non seulement elle a éprouvé des changements profonds ; elle a subi des altérations graves, rencontré d'innombrables ennemis, contracté des vices et des souillures.

La famille nous apparaît comme une institution humaine, réglée par des coutumes et des lois, exposée aux erreurs et aux passions des hommes. Par ses conditions extérieures, elle est du domaine de l'éphémère.

Mais par sa racine, elle plonge dans l'éternel. *L'amour et les liens du sang,* les siècles peuvent passer, ces choses-là ne passent point. Antiques comme le monde, elles sont jeunes comme chaque matin nouveau, et l'on n'est un homme que dans la mesure où elles vous ont touché.

J'ai voulu parler, ici, de ces saintes et immortelles vieilleries. Nous avons besoin de nous y retremper, comme en une fontaine de Jouvence.

Le lecteur trouvera dans ce livre, ainsi que dans la vie même, des rayons et des ombres. Je n'ai pas essayé de dissimuler les points noirs ; mais je me suis efforcé de mettre en relief les points lumineux. Nous devons cet honneur à l'idéal.

Dois-je m'excuser d'avoir évoqué, en maint endroit, des souvenirs personnels? J'ai pensé que ces pages y gagneraient en couleur locale ; et ma reconnaissance se donnait libre carrière, en fixant les traits de quelques chères figures, disparues de ce monde.

Jamais nous n'aimerons assez le Foyer. Sur ses autels discrets, que ne m'est-il donné d'offrir un hommage plus accompli? J'apporte, du moins, toute la chaleur de mon cœur, toute ma filiale piété.

Si quelques-uns, en me lisant, apprenaient à mieux s'aimer, nul fruit de ma peine ne me semblerait plus doux.

Paris, Pentecôte 1898.

AUPRÈS DU FOYER

CHAPITRE PREMIER

Le toit.

Je franchis d'un cœur ému le seuil de la demeure humaine, dont le seul nom résume, pour chacun, tant d'impressions et tant de souvenirs.

Le toit est d'abord un abri. Le froid et la chaleur, toutes les intempéries et tous les ennemis, poussent l'homme à le créer et à le fortifier. A qui manque ce refuge, tout manque. Pour décrire d'un trait la suprême misère, nous disons d'un homme qu'il est sans feu ni lieu. Voulez-vous, au contraire, une des plus parfaites images du bonheur civilisé, la voici : une famille au grand complet, jeunes et vieux en cercle, sous le toit protecteur, près d'une joyeuse flambée, où le repas du soir chante dans le grand chaudron.

Mais le toit est autre chose qu'un abri, il est un

centre de stabilité. Si l'homme n'avait pas besoin de demeure pour se couvrir et se garantir, il se sentirait pressé de trouver, dans ce vaste monde, un coin à lui, un home familier pour s'y fixer. Il est vrai que la vie est un voyage et nous tous des pèlerins; mais nous cherchons une patrie. Le plus intrépide voyageur, l'explorateur le plus infatigable ne saurait, sans fin ni trêve, voguer de lieu en lieu. Après l'attraction du lointain, les courses aventureuses, les périls affrontés, les spectacles contemplés, le désir s'éveille au cœur de rencontrer un gîte. Plus nous avons vu de pays, d'hommes et de choses, plus l'intime soif grandit de la demeure stable, de la paix et des affections du foyer domestique. Le Juif-Errant lui-même n'a qu'un soupir : faire une halte, et pour toujours.

Abri sûr, point de ralliement où tous ses chemins le ramènent, le toit, pour l'homme, est autre chose encore, et plus que cela. C'est une des formes matérielles, en qui se traduit et se manifeste son esprit. L'homme a besoin de se créer un monde à son image, qui l'aide à s'affirmer, à se rester fidèle à lui-même. La demeure est le résumé de ce monde. Rien ne parle autant de notre for intérieur que notre maison. Il y a en elle un langage saisissant. Depuis l'abri rudimentaire et grossier jusqu'à l'habitation la plus accomplie, toute maison révèle l'âme de l'habitant. Les lignes de la toiture et des murs, les contours des fenêtres, les couleurs de la façade, l'arrangement et le style des meubles, les

portraits, les tableaux, la cuisine, la table, l'atelier
et jusqu'à la fleur que nous cultivons sur la fenêtre,
tout porte le cachet humain. Tel est l'homme, son
idéal, sa vie, telle est sa demeure. Chaque civilisation, chaque époque marquante de l'histoire a eu sa
maison, décalque fidèle de son état social. Bâtir a
toujours été un acte de foi et une déclaration de principes. L'homme assied sa maison, sur le fond qui lui
inspire le plus de confiance, avec les matériaux qui
lui paraissent offrir le plus de garantie, et il sait lui
donner la figure de son âme, la physionomie de son
goût, l'allure de sa volonté. Sa demeure est ornée
de sa vertu, chaude de sa tendresse, souillée de son
impureté. Sa bienveillance y sourit, sa méchante
humeur y grogne. La maison de l'un est comme une
bauge de sanglier, farouche et de mauvais accueil ;
la maison de l'autre est avenante et familière, même
à l'hôte d'un jour, à l'étranger qui passe. Ici, on se
voit entouré comme d'un parfum religieux, c'est
presque un sanctuaire. Là, tout rappelle les intérêts
positifs, le calcul, l'âpre combat pour la possession :
vous vous croiriez au marché ou à la Bourse. Ailleurs, dès le seuil, une atmosphère studieuse nous
enveloppe : il s'exhale des lieux je ne sais quelle
puissance de rêve et de pensée, qui gagne le visiteur
le plus obtus. De nombreux intérieurs font penser au
restaurant, à l'hôtel, et même à une gare de chemin
de fer. Dans certains autres, on se rappelle involon-
tairement ce passage du livre de Job : « L'hypocrite
construit sa maison, comme l'araignée construit sa

toile. » Tout y est combiné pour circonvenir, leurrer, séduire...

Cet esprit des lieux se respire, se sent et prouve son pouvoir par mille organes. Il est d'une réalité si intense, qu'il se manifeste là même où l'homme n'a aucune prise sur la forme extérieure de sa demeure. Prenez, au hasard, dans une de ces vastes maisons ouvrières qu'on appelle casernes, sur le même corridor, une dizaine d'habitations. Elles sont identiques : même taille, même exposition, même plan. Et pourtant elles diffèrent entre elles d'une façon notable, et présentent parfois d'étranges contrastes. On n'y respire pas le même air. Telle est la différence des impressions reçues, qu'en passant de l'une dans l'autre, on croit avoir franchi une frontière, émigré dans un autre continent. C'est qu'une chambre, voire une cellule de prison, prend la physionomie du locataire. Les mêmes gants, sur des mains différentes, les mêmes vêtements et les mêmes chapeaux de femmes, portés par d'autres personnes, changent d'aspect et se transforment selon la taille, l'esprit et l'éducation de celles qui s'en servent. Et les mêmes murs, encadrant d'autres personnes, produisent un effet tout différent.

*
* *

Pour toutes ces raisons, la demeure est une des choses les plus importantes dans une vie humaine. Une partie de notre destinée s'y trouve liée. Elle ne saurait être indifférente à personne. Tous, dans ces visions intimes où notre imagination se bâtit un monde idéal, nous avons la maison de notre rêve. Arriver à être chez soi, dans ses meubles, dans une retraite bien à nous, si modeste soit-elle, qui donc n'y aspire? Le boutiquier derrière son comptoir, dans l'air renfermé d'une rue étroite, porte vaillamment le fardeau des longs jours; il pense à la maison modeste et tranquille où il espère finir sa carrière, oublier les affaires et leurs soucis, les grands livres et leurs chiffres angoissants. Et son rêve le soutient. L'ouvrier rangé, économe, se prive de distractions, se refuse de légitimes satisfactions pour augmenter son pécule et ses chances de posséder un jour son modeste chez soi. Presque chacun a le plan de sa petite habitation tout prêt, et souvent s'y installe en esprit. Et c'est la chose du monde la plus humaine.

Mais combien d'obstacles à ce rêve qui, en lui-même, n'a rien d'irréalisable! Notre temps, surtout, lui est inclément comme les gelées blanches aux floraisons printanières. La maison de notre rêve! la plupart sont obligés de lui dire adieu, sans jamais en avoir posé la première pierre.

Par une conséquence inévitable de la concentration des sociétés modernes vers les grandes villes, l'habitation humaine a subi des modifications profondes. Elle a perdu de son cachet. Comme toutes choses, elle est tombée dans l'anonymat et s'est dépersonnalisée. L'homme et sa demeure disparaissent dans la foule. Cela est surtout très apparent dans la classe la plus humble. Là, tout d'abord, on ne parvient même plus à se procurer à prix d'argent, ce que la nature accorde gratuitement et sans mesure : l'air pur, l'espace, la lumière. Défectueux comme hygiène, c'est à peine si beaucoup de locaux habités par la masse laborieuse répondent au besoin qu'éprouve l'homme de se garantir des intempéries. Ils répondent bien moins encore aux conditions supérieures et infiniment plus intéressantes de l'habitation humaine. Comme centre de ralliement d'une famille, et cadre extérieur de l'affection, de l'éducation, du développement normal de la vie, ils sont lamentablement insuffisants. Comment installer une vraie vie de famille quand la place manque pour se coucher, et que l'unique pièce disponible sert à la fois à toutes choses, ne permettant ni recueillement, ni solitude, ni distraction?

La vie en commun dégénère en promiscuité. Les habitants se gênent mutuellement. Leurs rapports, dans un espace trop restreint, deviennent pénibles. Le poison humain physique et moral les guette dans l'atmosphère renfermée. Il n'est pas étonnant que pareille demeure cesse d'être aimée et soit délaissée. Dans la classe aisée l'habitation est plus confortable; mais, à de rares exceptions près, tout aussi banale et tout aussi instable. Instable surtout! N'est-ce pas un abus et une ironie amère que de continuer à donner le nom de demeure à nos appartements loués au mois, à l'année ou tout au plus au bail de trois, six, neuf? Ils rappellent bien plutôt le perpétuel changement que ce qui demeure. L'ouvrier se sent si peu à l'aise chez soi qu'il déménage constamment? le bourgeois suit son exemple. Aux termes principaux, une bonne partie des habitants est dans la rue. Nous sommes des nomades, moins la tente, le bagage léger et les vastes horizons; des nomades de chambre en chambre embarrassés d'innombrables colis. Dans ces maisons quittées pour un oui ou pour un non, chacun est pour l'autre un étranger. Nous succédons à des inconnus et des inconnus nous suivront. Et rien ne reste après nous. Ce que nous avons laissé de nous-mêmes sur ces murs est invisible pour le locataire suivant, et nous ne pouvons l'emporter. Cela ne profite donc à personne. Nous passons à travers nos multiples logis, sans y laisser plus de trace « qu'un serpent sur un rocher », selon la pittoresque expression de l'Ancien Testament. Le seul refuge du souvenir, le dernier asile de la tradition, lien fragile qui relie entre eux les hôtes passagers de la vaste maison moderne, est le cerveau d'un concierge, si ce concierge n'est pas lui-même un nomade inquiet, émigrant de loge en loge.

Quel vaste néant, quelle base mouvante et incertaine pour la cité et l'esprit public, que toutes ces existences dépourvues d'un cadre fixe! Dans ce va-et-vient incessant, quelle déperdition de forces vives, de précieux trésors de l'âme, de matériaux indispensables à la solidité d'un édifice social!

Nous déménageons trop, au propre comme au figuré : c'est une de nos plaies. Mœurs, idées, croyances, lois, tout cela est soumis au régime du perpétuel déménagement. Plus rien n'est en place. Et nous en sommes venus à contracter une existence vagabonde, comparable à celle des infortunés qui logent à la nuit, oubliant où ils ont couché la veille, ne sachant où ils coucheront le lendemain. Cela me fait envier le sort de ceux qui ont une maison, la plus petite, mais leur appartenant, où leurs aïeux sont morts, où leurs enfants sont nés; une maison qui dit quelque chose, conserve de chères vieilles histoires, garde des impressions d'enfance, vous dit adieu au moment où vous la quittez et vous sourit quand vous y revenez. Maison paternelle, douce image qui éveille dans nos cœurs d'amers regrets, où te retrouverons-nous ?

Pour moi, lorsque je cherche la mienne, je ne rencontre plus rien. Sur son emplacement s'allonge un talus de chemin de fer, noir et laid, qui a coupé en deux la tranquille vallée où s'écoula mon enfance. Du moins ai-je gardé un souvenir, et je puis, lorsqu'il me plaît, revoir en esprit le toit qui fume, les arbres du jardin et la pauvre rivière si gaie jadis, obligée maintenant à couler sous terre. L'habitant des grandes villes, lui, n'a même pas cette ressource d'un souvenir. A la demande, où est sa maison paternelle, il répond : « Connais pas! on m'a dit que j'étais né telle rue, tel numéro. Mais, l'année suivante, nous avons changé de logis; et je ne sais plus rien. » Souvent aussi la rue a perdu son nom, le « numéro » est démoli. Quelquefois le quartier lui-même a disparu.

En ce point, si important pour la première éducation et la base de traditions sur laquelle se construit une vie d'homme, l'enfant de la campagne est un roi en comparaison de nos enfants des villes.

Heureux le fils du paysan ou du bûcheron, qui grandit à l'ombre du toit paternel, dans le cadre paisible des bois et des champs ! Le soleil du matin le salue à son réveil. Les oiseaux lui chantent la bienvenue. Les fleurs lui souhaitent sa fête. Les bons vieux arbres, qu'il connaît comme des amis, étendent sur son sommeil des bras protecteurs.

Au seuil de la maison, l'aïeul qui se réchauffe aux rayons du soir clément, lui dit les choses d'autrefois, et lentement, nourri par les leçons de choses d'une existence calme et sûre, se développe en lui le sentiment sans lequel un homme n'est qu'une ombre vacillante à la surface des eaux, le sentiment qu'il y a des choses qui demeurent, sont en place pour l'éternité, et auxquelles il convient de s'attacher, pour devenir fort et ferme.

*
* *

Mais, revenons à la réalité. Soyons des hommes, ne donnons notre cœur ni au regret ni au découragement. Envisageons la situation pratique telle qu'elle est, et cherchons à en tirer le meilleur parti possible. Qu'y a-t-il à faire pour remédier à la fragilité du cadre extérieur de la famille, ou à l'absence d'un toit stable ?

Tout d'abord il faut aspirer à un minimum de déplacement, devenir moins volage et ne pas quitter, pour des motifs futiles, un logement où nous avons laissé quelque chose de nous-mêmes, auquel peut-être sont attachées les premières impressions de nos enfants. Ce n'est pas une chose indifférente que l'homme soit ou non fidèle à sa demeure. Il y a deux divorces dont se meurent nos sociétés : le divorce de l'homme avec la terre et celui de l'homme avec la maison. Mais, si d'impérieuses nécessités nous condamnent, malgré nous, aux déplacements, à défaut d'une maison, à défaut d'un appartement stable, attachons-nous aux meubles. Maintenons avec soin tout ce qui peut perpétuer une tradition, abriter un souvenir. Ne faisons pas fi d'un fauteuil toujours vu, d'une table près de laquelle nous avons grandi. Ces objets, si modestes soient-ils, ont une valeur d'âme incalculable pour nos enfants et nous. Telle vieillerie, insignifiante aux yeux d'un profane, est l'équivalent d'un titre de noblesse. Le porter chez le bric-à-brac, c'est se déshonorer. Plus la vie nous secoue, nous jette par le monde et nous emporte dans son impétueux torrent, plus il faut tenir à ces reliques. Ce sont autant de planches de salut, sur la mer démontée. Et puis, il ne faut pas être matérialiste. Après tout, et malgré son importance capitale, ce n'est pas la maison qui fait la famille.

Il y a dans notre société des classes où rien ne fait défaut de ce qui constitue le cadre extérieur du foyer. La civilisation a rempli leurs mains de trésors, leur a donné le confort, l'espace, la tranquillité, tout ce qui établit le home matériel. Mais elles désertent ce home. Parents et enfants vont chacun de leur côté, et la famille se dissout.

Ailleurs, le contraire arrive. Je connais un pont de Paris où s'installe tous les jours une marchande de soupe à deux sous. Sa boutique se compose de plusieurs planches et d'une toile, quelque chose comme un parapluie. On ne saurait imaginer de lieu plus incommode pour y réunir une famille. Eh bien! sous cet abri précaire ouvert à tous les vents, je n'en vois pas moins se grouper le soir, autour d'une lumière fumeuse, tous les enfants, dont quelques-uns apprennent des leçons, et le père qui se repose après la journée finie. Ceux-là ont l'esprit de famille, et voilà l'essentiel.

C'est cet esprit qu'il faut sauver, nourrir, fortifier. La racine en est vivace, elle prend dans les terrains les plus ingrats.

On nous raconte que dans certaines contrées maritimes où les pêcheurs sont très religieux, ils entourent d'une particulière dévotion l'image du saint patron, fixée à la proue de leur barque. Lorsque la mer les jette sur un écueil et brise la barque, ils essayent d'en ramasser les morceaux. Mais surtout ils sont heureux s'ils peuvent retrouver le fragment où est sculptée l'effigie du Saint. En des temps meilleurs, quand ils reconstruiront leur esquif, c'est au Saint qu'appartiendra la place d'honneur. Voilà une pratique de simple piété et de haute sagesse dont il faut s'assimiler l'esprit.

Le gros temps où nous vivons a mis en pièces les anciens et vénérables cadres, où se développait la vie de famille. Sauvons du moins les débris, et surtout sauvons le Saint, sauvons l'esprit de famille, notre demeure serait-elle aussi ballottée que la barque du pêcheur, aussi mobile que la roulotte du bohémien!

CHAPITRE II

L'esprit de famille.

Qu'est-ce que l'esprit de famille? Avant de donner à cette question une réponse positive, il nous faut procéder à une sorte de déblayage et nous livrer à un travail d'élimination. Il existe, dans le monde, bien des opinions sur l'esprit de famille et il circule, sous ce même nom, bien des produits qui ne se ressemblent guère, et sont loin d'être tous de première marque.

Les contempteurs et les ennemis du foyer, nous représentent l'esprit de famille comme un esprit exclusif, égoïste, mesquin, dont il faut se garder et auquel on doit déclarer la guerre.

Nous rencontrons, d'autre part, de nombreux individus qui peuvent avoir à se plaindre de leur famille, et en qui ce seul nom éveille les souvenirs les plus mauvais et les plus amères rancunes.

Quelques fanatiques du chiffre, mettant la statistique partout, pensent que, pour définir l'esprit de famille, il faut prendre une sorte de moyenne dans les différents intérieurs. L'esprit de famille, selon eux, sera celui qui règne dans le plus grand nombre de cas, et qui n'a rien de bien élevé.

En suivant l'une ou l'autre de ces catégories d'hommes, nous n'arriverions qu'à des jugements troubles, injustes et dangereux. Mais en dédaignant leurs dires, nous risquerions de mépriser la réalité et de nous embarquer dans l'utopie. Arrêtons-nous devant ces idées, discutons-les, frayons-nous à travers cette broussaille un chemin vers la lumière.

Et d'abord il faut saluer la vérité partout où nous la rencontrons et dégager la part de justesse qui se mêle aux opinions même les plus extravagantes.

*
* *

Malheureusement il est bien vrai, dans certaines familles il règne un esprit étroit et égoïste. Il me suffira d'en signaler quelques traits, pour que chacun aussitôt trouve, sur ce point, dans son expérience et sa mémoire, de nombreux témoignages. N'y a-t-il pas des familles animées d'un tel esprit d'étroitesse qu'elles mériteraient plutôt le nom de cliques? Quiconque n'a pas leurs idées est dépourvu d'intelligence; quiconque n'a pas leurs goûts ne sait pas ce qui est bien. Elles sont fermées à toute influence. Que pourrait-il venir de bon du dehors? L'amitié même en est exclue. Elles disent à leurs membres : « Vous choisirez vos amitiés parmi nous

et n'en aurez point d'autres. » Toute liaison affectueuse, hors de leur cadre sévèrement circonscrit,
est considérée comme une félonie, et quiconque
essaie d'y pénétrer est traité d'intrus.

Ailleurs c'est l'esprit de caste qui infecte le milieu
familial avec son orgueil et ses allures méprisantes.
Quand on rencontre certaines gens, on voit, écrite
sur leur figure, cette déclaration péremptoire : *il n'y
a que nous.* Le monde leur appartient, par droit de
noblesse, et c'est une marque d'imbécillité ou d'éducation grossière que de ne pas partager leur avis
en s'inclinant devant leur supériorité.

D'autres familles sont organisées comme des syn-
dicats, pour l'accaparement de l'influence, du pouvoir, de la richesse, des bonnes places. Tout est
pour elles. Elles s'établissent dans une ville ou dans
un pays, comme dans une colonie à exploiter. Le commun des habitants sont des sortes de nègres, bons,
tout au plus, à leur rendre des services. Et, pour
ressembler à ces familles, il n'est pas nécessaire
d'être illustre, de descendre des Croisés ou d'appartenir à la catégorie des notables. Il y a des petites
gens qui sont organisés sur ce pied-là. On dirait des
bandes : le reste de la société est leur forêt. Ils y
guettent leurs proies et en rapportent les dépouilles.

Que cet esprit-là soit haïssable ; que, sous toutes
ces formes diverses, l'étroitesse, l'orgueil et l'égoïsme
familial soient arrivés à se faire dans le monde une
réputation détestable, je l'accorde et je suis le premier à trouver cela naturel. Mais est-ce là l'esprit

de famille? Est-il juste de faire retomber sur tout foyer où des hommes vivent et se lient, la réprobation méritée par ces retraites inhospitalières et menaçantes où se barricade l'esprit de secte, la vengeance inhumaine, la tendance à la domination et à la rapine?

*
* *

Passons maintenant à ceux que la famille a fait souffrir. Au seul nom de famille, ils éprouvent une crispation douloureuse. « *Oh! la famille!* crient-ils sur un ton où se concentrent tous les froissements d'un cœur ulcéré, la famille, *ne m'en parlez pas!* Elle ne m'a fait que du mal. Nos pires ennemis sont nos parents et nos proches. Nous préférons la solitude, le monde sauvage, à la vie en famille. »

Hélas! ces cris du cœur ne sont pas toujours poussés par des ingrats, des êtres dénaturés, oublieux de tout ce qui doit nous être cher et précieux. Ce sont souvent des déshérités de l'affection, des victimes de la cruauté humaine. Il y a dans l'homme une brute, et cette brute n'est nulle part plus terrible qu'en famille. Quand elle se réveille, avec ses bas instincts, ses perversités, ses raffinements diaboliques, malheur à qui tombe en son pouvoir! De vieille date un proverbe a consacré cette triste vérité, que par la corruption les meilleures choses deviennent les pires. Combien d'illustrations navrantes la vie de famille n'a-t-elle pas fournies à cette formule d'antique sagesse! Il y a, de

fait, une quantité de familles animées d'un esprit
mauvais, d'un esprit de division, de jalousie. Nulle
part on ne se hait avec plus d'acharnement. L'exé-
cration ne peut dépasser entre étrangers le degré
qu'elle atteint parfois entre parents. Les fils haïssant
leurs pères et les pères leurs fils, les frères et les
sœurs se détestant entre eux, la haine se mettant
entre le mari et la femme, alors on peut bien dire
que la méchanceté atteint son comble. Aucune passion, aucune puissance meurtrière, n'a fait subir au
pauvre cœur humain de plus intimes et de plus hor-
ribles tortures que les haines de famille. Il ne saurait
y avoir dans nos âmes assez de pitié pour leurs victimes. Mais, cela dit, déploré, largement avoué, nous
avons le droit de protester et de dire : ce n'est pas là
l'esprit de famille.

*
* *

Ici toutefois nous rencontrons les hommes du
chiffre et de la statistique. Ceux-là comptent les cas
et font les additions dont leur pessimisme se
réclame. Ils organisent à travers les différents
milieux de scrupuleuses observations et les confient
à leur carnet accusateur. Puis, dans cette masse ils
établissent des proportions. Sur cent familles, il y
a : tant de mauvais ménages, tant d'enfants en
guerre avec leurs parents, tant de frères ennemis,
tant de cousins brouillés à propos d'héritages, tant
de maris jaloux et de femmes acariâtres, tant de
guêpiers où il n'est question que de calomnier,

2.

tourmenter son prochain, tant de conciliabules où l'on combine les moyens de le dépouiller de son bien. Déduction faite de tous ces intérieurs déplorables, il reste à peine quelques maisons où les choses se passent à peu près convenablement. Après cela, n'est-on pas en droit de dire que l'esprit de famille est un mauvais esprit?

S'il fallait, je l'avoue, s'en tenir à la statistique, il nous resterait à convenir que la grande majorité des familles tombe, par quelque côté du moins, sous cette critique impitoyable, et qu'en somme, devant la brutalité des chiffres, nous faisons assez mauvaise figure. Outre les milieux où l'esprit est franchement mauvais, combien en est-il qui sont vulgaires, terre à terre, peu intéressants?

Mais la statistique n'est pas à sa place ici, elle n'est ni juste ni profitable.

Que diriez-vous de celui qui, pour répondre à ces questions : qu'est-ce que la peinture? qu'est-ce que la poésie? se livrerait à un dénombrement statistique de toutes les œuvres, sorties de pinceaux ou de plumes innombrables, et déclarerait ensuite, en prenant dans ce fatras une sorte de moyenne : voilà la peinture, voilà la poésie?

La poésie serait alors représentée dans le monde par des myriades d'inconnus, qui ont écrit de méchants vers. L'esprit de la poésie ne serait ni celui d'Homère, de Shakespeare, de Gœthe ou de Corneille, mais l'esprit de la plus grande masse ; Raphaël, le Titien, Léonard de Vinci ne seraient plus des peintres.

En vérité, la statistique est une science excellente et utile, mais qui ne saurait suffire à tout. Appliquée à certaines questions, elle devient absurde. Pour savoir ce que peut être l'art, il faut aller l'apprendre dans les œuvres des maîtres. Et encore, ceux-là, si nous pouvions les interroger eux-mêmes, nous répondraient : « L'art ce n'est pas nous et nos productions. C'est ce que nous rêvions, plutôt que ce nous avons exécuté. Nos efforts les plus heureux sont bien au-dessous de nos aspirations : ils sont seulement le reflet d'un idéal inaccessible. Les plus beaux chants n'ont jamais été chantés, les plus belles toiles n'ont jamais été peintes. »

Appliquons ces réflexions à l'esprit de famille.

Évidemment, ce n'est pas l'esprit du plus grand nombre de familles. Ce n'est pas autant ce qui *est*, que ce qui doit être, ce qui se manifeste ici et là, apparaissant même par intermittence parmi des individus pour l'ordinaire médiocres.

L'esprit de famille est fait du meilleur de ce que la vie de famille produit, quoique ce meilleur soit rare, et non du médiocre ou du pire, quoique ceux-ci courent les rues.

Quand vous m'aurez montré des milliers de familles égoïstes, vaniteuses, vilement intéressées, livrées aux discussions, contaminées par l'impureté, je n'en aurai pas moins le droit de vous montrer une famille bienveillante, unie, large de cœur, dévouée, et de dire : voilà une famille, une vraie, animée de l'esprit qu'elles devraient avoir toutes ! Et à supposer une telle famille introuvable, la perfection n'étant pas de ce monde, j'aurais encore le droit, dans les occasions où se manifeste, au milieu des incohérences et des égarements de la vie, un esprit supérieur, meilleur, plus généreux, plus tendre et plus pur, de dire : voilà des signes de l'esprit de famille! Et, rassemblant en un faisceau tous les rayons épars de cette douce lumière, si précieuse et si rare, ne serais-je pas dans la vérité, la vérité spirituelle, en disant : *voilà l'esprit de famille?*

Essayons donc de le caractériser, tel qu'il se dégage, idéal et sans tache, de nos existences fragmentaires et traversées.

L'esprit de famille est l'expression consciente et réfléchie de ce que nous appelons le *lien du sang*. Il a donc une base obscure, instinctive, avant de revêtir une forme raisonnée; il nous prend aux entrailles, avant de parler à notre sentiment éclairé ou à notre intelligence. Et cette base obscure, qui supplée à la réflexion encore endormie, demeure lorsque nous nous sommes éveillés à la vie consciente. Les racines de l'esprit de famille plongent dans la moelle et les os. Les sentiments de famille sont plus forts que la raison et la volonté, plus étendus que le domaine de la parole. Ils confinent aux profondeurs mystérieuses et sacrées, où les êtres se rattachent à l'essence éternelle, à la volonté même de Dieu.

La forme de la famille est changeante. Elle est autre chez les primitifs, les sauvages et les civilisés; autre chez les anciens et les modernes. Elle subit, tour à tour, l'influence de l'organisation historique, au sein de laquelle elle se développe. De profondes différences, des contrastes frappants séparent la famille patriarcale de la famille féodale, la famille de l'ancien régime et son droit d'aînesse de la famille d'aujourd'hui, la famille polygamique de la famille monogamique. Mais sous toutes ces formes il y a quelque chose qui demeure : c'est le lien du sang. Les rapports ont beau être différents entre les pères et les fils, entre les frères. A travers toutes ces surfaces changeantes, l'immuable se fait jour, et aux heures où le cri du sang se fait entendre, en ces instants où quelque chose de grand et d'inconnu nous saisit, pour nous faire éprouver la puissance du lien naturel, un père est un père, un fils est un fils, une mère est une mère, peu importent les mœurs, les lois, les temps, les catégories sociales.

La profondeur et l'énergie du sentiment familial sont comparables aux grandes forces de la nature. On en voit les effets bienfaisants ou dévastateurs, mais il est impossible de les réprimer, de les mesurer. Il n'y a pas de balance sur la terre pour évaluer ce que l'humanité a mis tour à tour de bonheur, de tendresse ou d'angoisse et de désespoir dans ces simples cris : mon père, mon enfant, mon frère !

Quand nous parlons d'esprit de famille, de sentiments de famille et d'instincts de famille, nous touchons donc au fond de la vie, aux sources mêmes de l'être, à ce qu'il y a de plus ancien et de plus indestructible, en même temps que de plus nouveau et de plus surprenant. Qu'ils nous remplissent de félicité ou qu'ils nous fassent mourir de douleur, les sentiments de famille ont cela d'étrange qu'ils sont incommunicables, inexprimables. Ceux-là seuls les comprennent qui les ont éprouvés, et ils en sont frappés comme si ce qui leur arrive se produisait dans le monde pour la première fois.

L'esprit de famille ne détruit ni la valeur ni la puissance de l'individualité. Mais il démontre à l'individu qu'il est membre d'un tout, et le rend incapable de vivre comme s'il était seul ou absolument distinct de ceux qui l'entourent. Par l'esprit de famille nous comprenons que les autres sont un peu nous-même. L'homme tient à l'homme. *Toi* et *moi* : ces deux grands antagonistes, ces rivaux ardents, acharnés à se distinguer, à séparer leurs intérêts, à délimiter leurs frontières, s'aperçoivent soudain qu'ils se trompent. Qu'un égoïste devienne père, par exemple, c'est une surprise inouïe. Cet autre qui ne l'intéressait ni ne le touchait, maintenant tient à lui comme s'il en faisait partie. Quelle confusion, quel trouble ! Désormais, il y a un être auquel il dit *toi*, comme à n'importe qui. Mais quand on frappe sur celui-là, c'est lui-même qui sent les coups. Il est pris ; il vient de faire la découverte capitale dans le monde où nous sommes. Elle consiste à s'apercevoir que notre vie circule dans un autre et la sienne en nous. Dieu donne cette leçon à l'homme, cet égoïste de naissance, et il la lui donne en famille, pour que plus tard il en profite dans la société.

Notre férocité naturelle serait indomptable si nous n'étions pas tenus par le lien du sang. Grâce à lui nous sommes vulnérables; il y a espoir de nous apprivoiser. En attendant, l'esprit de famille forme un contraste avec notre moi inférieur, autant qu'avec la loi apparente du monde. On ne peut autrement qualifier cet esprit que de sainte folie. Rien de plus fou que d'avoir mal dans la tête d'un autre! C'est là une étrangeté, une aberration. Nul ne saurait la justifier devant le sens pratique, calculateur, personnel à outrance, qui fait la base de la loi de ce monde.

La loi du monde, la colonne de l'édifice, sans laquelle (du moins cela nous paraît évident) tout croulerait sur nos têtes, c'est le conflit des intérêts, la concurrence, le droit strict. Quand nous appliquons aux questions notre raison la plus fine, nous ne trouvons pas autre chose.

L'esprit de famille renverse tout cela. Au lieu de tirer à lui, il donne; au lieu de vendre, il accorde; au lieu de se venger, il pardonne. Ici le droit du plus fort consiste à protéger, porter, soigner les petits. Il n'est donc pas étonnant qu'il y ait conflit permanent entre l'esprit de famille et l'esprit du monde   que chacun de nous, chacun de nos foyers, soit le champ de bataille choisi pour la rencontre de ces deux esprits. De là les oscillations, les tirages, les hauts et les bas de notre vie de famille. Mais voilà précisément aussi son principal intérêt. Rien d'attrayant, de passionnant comme cette lutte entre la loi de combat et la loi secourable; rien de plus digne de notre attention que cette série de leçons de choses, toujours oubliées, toujours renouvelées, par lesquelles, malgré nous, nous apprenons peu à peu à franchir les degrés qui séparent la bête humaine de l'homme fraternel.

L'esprit de famille est une pierre d'attente de l'humanité future, de ce royaume idéal de justice si éloigné de nos misères présentes, que, pour l'espérer encore, il faut avoir la foi qu'aucune résistance n'abat, et qui, pour user les obstacles les plus tenaces, compte sur les siècles sans limite. Le baiser maternel a sacré chaque homme citoyen de cette cité. En lui faisant le don gratuit de la vie et de toutes choses, la mère, au nom de l'humanité, dit à son enfant : « Souviens-toi, aime comme tu as été aimé. Donne, puisque tu as reçu. »

L'esprit de famille se révèle ainsi comme un esprit de cohésion, mais de cohésion qui tend sans cesse à s'élargir. Il va des contemporains immédiats aux antécédents, de qui nous viennent les traditions, les héritages, les mœurs et les idées; il s'étend aux descendants, dont nous avons à sauvegarder les intérêts. En un mot, la petite famille engrène avec la grande. Elle en vient, et elle y conduit, d'un mouvement irrésistible. De ce mouvement, le spectacle de la descendance humaine, tel que l'offre le moindre tableau généalogique, est le symbole frappant. Si nous n'avons qu'un père et une mère, nous avons quatre grands-parents, huit bisaïeuls, et ainsi de suite par proportions croissantes. Par nos ancêtres nous descendons de la foule; par ceux qui sortiront de nous, nous aboutissons à la foule. Comment nous serait-elle indifférente?

Une école où s'apprennent et s'enseignent de telles choses ne saurait être, comme le prétendent d'aveugles théoriciens, un obstacle au bien public : elle en est le rempart le plus ferme. — La famille est comme la cellule d'une société et d'une nation. Nous n'avons rien de plus solide pour y asseoir nos espérances, pour nous guérir du mal, pour sortir des difficultés du monde présent. Tous les graves problèmes sociaux se posent au foyer et n'auront de solution nulle part, tant qu'ils ne seront pas résolus là. Comment aurions-nous assez d'esprit de sacrifice pour remplacer dans la société le conflit sauvage par l'entente, si nous ne pensons pas à nous entendre avec ceux qui sont la chair de notre chair? La désertion de la vie de famille est la désertion du champ d'honneur, où l'avenir se conquiert de hautte lutte. L'affaiblissement du lien de famille est la destruction de tout lien social. A qui dirai-je : frère, si les miens sont pour moi des étrangers? La plupart de nos misères publiques viennent de la négligence de nos devoirs de famille.

Il faut nous replier sur la famille, sur la vie du foyer, les vertus du foyer, les joies du foyer, la douce religion du foyer.

CHAPITRE III

Deux font un.

Le lien du sang, qui unit les membres d'une même famille, se ramène à un autre lien, un lien d'élection celui-là, qui résulte de l'accord de deux êtres. Avant le nid, avant la couvée, il y a le fait primordial de l'amour. *Deux font un*, c'est la pierre angulaire de la maison. Quand un homme et une femme s'accordent pour s'appartenir et fonder un foyer, les lignes de leurs destinées se confondent. Leurs intérêts essentiels deviennent identiques.

Dès le commencement, nous sommes obligés ici de nous occuper de situations, exceptionnelles, il est vrai, mais trop nombreuses pour être passées sous silence. Chaque fois que ces deux termes de mariage et d'amour se rencontrent, ils nous font souvenir qu'ils ne sont pas synonymes et ne marchent pas nécessairement de pair. Il y a de l'amour sans mariage et des mariages sans amour. Pourquoi se le cacher? La vie nous le dit assez, nous le crie sur tous les tons. Avant de parler des alliances normales, il nous faut donc penser à celles plus nombreuses qui sont imparfaites, mutilées ou compromises. Nous nous élèverons vers les sommets par des sentiers ardus et nous serons ainsi dans la vérité. Le salut de l'homme, c'est de regarder la vie réelle et d'en éclairer les recoins obscurs par une lumière qui vient de plus haut.

*
* *

Une des causes de la mauvaise réussite des unions se trouve dans la façon même dont elles se concluent. La majorité des foyers se fondent maintenant comme ces entreprises industrielles et commerciales, où l'on crée l'affaire, en attendant les clients. Pourvu qu'il y ait conformité de goûts, d'éducation, quelques analogies de sentiment, un peu d'estime naissante et une grande bonne volonté de se convenir réciproquement, l'amour semble-t-il, ne doit pas manquer de venir un jour ou l'autre. Il serait bien inhumain d'en vouloir à ceux qui se marient dans ces conditions. Le moyen de faire autrement dans une multitude de cas! Notre vie moderne nous fournit un cadre très défavorable aux rapports entre jeunes gens, à l'éclosion des sentiments tendres, à la préparation de ces mariages nés sur le terrain des amitiés de famille, et dont la première intention remonte quelquefois jusqu'aux jeux de l'enfance. Notre jeunesse est obligée de s'accommoder, tant bien que mal, à des exigences et des entraves sans nombre. Avec les meilleures dispositions du monde, le désir de bien faire, les sentiments les plus droits et les plus nobles, il faut bien se résigner à s'arranger comme on peut. On se marie donc, en attendant l'amour, on lui prépare le nid.

Ainsi les paysans d'Alsace préparent, sur leurs toits, des nids aux messagères aimées du printemps, aux cigognes, qui portent bonheur à leurs hôtes. Maintes fois elles se laissent inviter ; souvent aussi, elles passent, distraites, et vont faire des heureux ailleurs. Jamais on n'a su pourquoi elles venaient, ni pourquoi elles ne venaient pas. C'est comme l'amour qu'on attend : il vient ou ne vient pas. Pourquoi? C'est un mystère.

N'importe : qu'il vienne ou ne vienne pas, du jour où deux êtres se sont donné la main pour partager la vie, leurs intérêts, leurs risques, leur réputation, tout leur est commun. Cela est vrai non seulement dans les intérieurs où, à défaut d'amour, il y a un esprit de cordialité, une franche amitié, quelques égards mutuels, mais encore dans les intérieurs divisés. Peut-être ceux-là devraient-ils se le rappeler le plus constamment. Le mari et la femme ne font qu'un. Qui fait du tort à l'un fait du tort à l'autre, et s'ils se disputent, se méprisent, se jalousent, se persécutent, chacun se fait à lui-même le mal qu'il croit faire à l'autre.

Il doit y avoir de bien sérieux obstacles dans l'intelligence humaine à la reconnaissance de cette simple vérité. Car depuis le commencement du monde, tout nous la répète sous toutes les formes, et c'est à peine si quelques-uns daignent y faire attention. La première fois que de vénérables traditions constatent que deux font un, c'est au Paradis. Et tout aussitôt le premier couple nous prouve qu'il l'a déjà oublié. Par un mauvais procédé, trop souvent renouvelé depuis, et qui est devenu comme une sorte de vice héréditaire du sexe fort, Adam rejette sa faute sur la femme donnée par Dieu. Il ne s'aperçoit pas qu'il critique Dieu lui-même, par-dessus la personne d'Ève. Dans la suite, il est vrai, les filles d'Ève ont souvent emprunté la méthode d'Adam et elle n'est plus, depuis bien longtemps, d'aucun sexe. Triste héritage, détestable tradition, survivant à toutes les civilisations et à tous les régimes. Elle empêche souvent le mari et la femme de se comprendre, de se pardonner leurs torts et leurs insuffisances, de réparer leurs fautes réciproques. En accumulant de part et d'autre les griefs, deux êtres qui se sont estimés jadis et ont probablement commencé par s'aimer, finissent quelquefois, après des années de vie commune, par se transformer en adversaires déclarés, en ennemis irréconciliables.

Deux ne font qu'un; il faut se dire cela le matin en s'éveillant et se le répéter à propos de tous les menus incidents, comme de tous les événements graves de la journée.

Deux font un, devant le monde, qui enveloppe,

en général, les conjoints dans un jugement identique, sans se soucier des détails de leurs différends.

Deux font un, surtout, devant les enfants. Quand les parents apparaissent à leurs enfants comme deux personnes opposées de vues, de volonté, de goût, de conception de l'existence, ils sont perdus et les enfants aussi. Il n'y a plus d'éducation possible. L'un défait ce que l'autre a fait, et l'édifice familial, ébranlé et rongé de toutes parts, s'écroule sur les parents et sur les enfants. Quelles que soient vos différences d'opinions, de désirs, votre façon de voir personnelle, vos convictions morales et religieuses, l'essentiel est de vous présenter devant vos enfants comme un seul homme. Autrement, par la brèche ouverte de votre union mal jointe, et de vos tendances mal associées, la désobéissance, la rébellion, l'anarchie des jeunes volontés, fera irruption comme un torrent. Vous serez submergés. Que dire des parents qui soumettent leurs causes au jugement de leurs enfants, encore tout jeunes, et, devant eux, plaident l'un contre l'autre, se comparent, départagent les responsabilités, se renvoient leurs torts réciproquement?... Dans ces différends-là, le triomphe même est une défaite. Juges et plaideurs, tout le monde perd le procès.

Si votre conjoint manque de sagesse, de bonté, de mesure dans le jugement ou la conduite, efforcez-vous de compléter son éducation. S'il est inaccessible aux paroles, à l'exemple, au dévouement

même, alors un seul moyen vous reste : c'est d'avoir
pour deux toutes les qualités qui lui manquent.
Je ne voudrais pas que cette observation fût prise
pour une de ces jolies théories si faciles à formuler, mais d'une application impossible. Je trans-
cris les leçons de la vie, l'expérience de personnes
vues à l'œuvre et qui, placées dans des circonstances exceptionnellement difficiles, parfois même
intolérables, m'ont paru le mieux résoudre un problème, qui est le lot douloureux de tant de vies
à jamais gâtées. Ici nous pénétrons sur un terrain
d'intimes souffrances, de tortures morales qui n'ont
pas leurs pareilles. Dans certaines occasions les
torts sont trop évidemment d'un seul côté pour
qu'il y ait l'ombre d'un doute à avoir. Même si
l'un des deux a des manquements à se reprocher,
leur origine remonte presque toujours à la conduite
de l'autre. Nous assistons alors au spectacle le plus
navrant : deux existences rivées l'une à l'autre par
des liens qu'a resserrés la naissance des enfants,
et incapables de s'associer moralement. L'une, toujours contredite dans ses meilleures intentions, sté-
rilisée dans ses plus généreux efforts. Une vie
tiraillée, fanée, souillée quelquefois par la constante
influence, la désolante intrusion d'une volonté qui
ne respecte rien et ne recule devant aucune peti-
tesse ni aucune injustice. Des accusations, devant
lesquelles on est réduit au silence comme un coupable, car, se défendre parfois serait un mal pire
que de se taire. Aucune parole, aucune fantaisie

même, ne sondera jamais les cercles de certains enfers domestiques.

Et là même *deux font un*; non seulement par cette loi universelle qui fait retomber sur l'innocent la faute du coupable, mais par le fait de l'union primitive. Nous avons, il est vrai, le divorce, ce moyen héroïque dans les situations désespérées. Mais le divorce, lors même qu'il apparaît comme la seule issue possible, est impuissant à détruire les conséquences de l'union une fois conclue. C'est une fin, ce n'est pas une solution, et aucune loi, aucun avocat, aucun procédé judiciaire ne peuvent anéantir le fait accompli. Quand on a un passé commun, on garde, même séparés, les intérêts solidaires de dignité et de sentiment. Le divorce est comme les opérations chirurgicales. La mieux réussie laisse des traces et des cicatrices, et il n'est pas rare de voir les amputés souffrir encore dans leur membre sacrifié. Le divorce, en essayant de délier le nœud conjugal, en fait constater la solidité, l'inextricable enchevêtrement. A sa façon, il établit que deux font un.

*
* *

Qu'il nous soit permis maintenant d'aborder une contrée plus riante et plus réconfortant, et de reposer nos regards sur des intérieurs où une intimité sérieuse, un accord plus ou moins complet est parvenu à s'établir. Faisons remarquer d'abord qu'un tel accord n'a rien d'improvisé ni de foudroyant. Nourri de bonne volonté et de patience, il mûrit sous des cieux qui ne sont pas toujours sans nuages. On peut s'aimer dès la première rencontre; mais ces amours qui tiennent de l'éclair en ont souvent la courte durée. On ne s'accorde qu'après un certain temps. Les leçons d'harmonie en ménage sont indispensables; elles se paient leur prix et il y en a de très douloureuses. Pourquoi en parle-t-on pas de ces choses-là? Y en a-t-il de plus nécessaires à connaître et de plus intéressantes?

La sévère réalité de la vie domestique et ses difficultés journalières, avec les efforts tentés pour les résoudre, ne sont-ils pas un meilleur spectacle que les conventions hypocrites ou pour le moins superficielles? On rend, j'estime un mauvais service à la jeunesse en lui cachant la vie vraie. Cette vie, avec toutes ces complications, est plus belle et moins fade que l'idylle fantaisiste. Le mythe de la lune de miel surtout est d'un fâcheux effet. Il risque de nous déconcerter dès les premières rencontres avec ce qu'on nomme dédaigneusement la prose quotidienne. Apprenez-nous plutôt à faire de bonne prose et à y mettre un peu d'âme et de poésie. Non, l'accord de deux volontés n'est ni facile ni rapide. Il ne se donne ni avec les bagues de fiançailles, ni avec la corbeille de mariage : il s'apprend et se conquiert ainsi que toute chose ayant une véritable valeur. Comme les facultés artistiques et l'énergie morale, il demande à être constamment cultivé et, faute de soins, peut diminuer et se perdre même chez ceux qui l'ont une fois possédé.

Pour conclure une bonne alliance, une condition préalable est d'avoir un terrain commun. Quand on veut se rencontrer par-dessus les murs, les haies et les fossés, on risque de se déchirer aux obstacles et d'y échouer. Ce n'est ni l'intérêt mesquin ni l'étroitesse d'esprit, mais le simple bon sens, qui nous déconseille de nous allier avec des milieux trop différents du nôtre, par la situation matérielle, les idées, les croyances ou l'éducation. Pour arriver à s'entendre, il est sage de diminuer à l'avance les chances de conflits. Comment prédire un avenir paisible à deux jeunes époux, sortis de milieux si disparates, qu'on ne saurait y supporter la lecture du même journal? C'est beaucoup demander à la mansuétude et à l'équité humaines, qu'elles s'exercent tous les jours entre deux êtres placés à des points de vue diamétralement opposés.

Trop souvent nos fils et nos filles reçoivent des éducations qui les brouillent d'avance. A partir d'un certain âge ils ne se comprennent plus entre frères et sœurs, tant sont contradictoires les conceptions de la vie, les principes et les croyances qu'on leur a de part et d'autre inculqués.

Quand ils se rencontrent plus tard dans le mariage, l'un vient de la lune et l'autre de la terre, et ils rappellent le fameux attelage mythologique, où Pégase est contraint de tirer la charrue en compagnie d'un bœuf. L'homme et la femme doivent être élevés l'un pour l'autre et recevoir, non une éducation identique — celle-là est le comble de l'absurdité, — mais une éducation convergente qui les mène, par des chemins conformes à leur sexe, vers un but commun. Une fois le terrain de rencontre trouvé et l'alliance conclue, pour la fortifier et la faire durer, il est nécessaire que chacun y mette beaucoup du sien. Aucune association n'est possible sans esprit de sacrifice ni concessions mutuelles. La vie à deux s'alimente de condescendance, de largeur d'esprit, du don perpétuel de soi-même. Après avoir dit « je » depuis le commencement de la vie, il faut apprendre à dire « nous ». Après avoir marché seul, d'une allure personnelle, il faut s'exercer à marcher au pas.

Une des plus graves hérésies en mariage est cette idée, confondue avec la substance même de nos cervelles : pour que deux volontés suivent une direction sûre, unifiée, l'une doit commander et l'autre obéir. La loi, afin de prévenir tout conflit de pouvoir, a confié à l'homme la prépondérance, en le nommant chef. Mais n'est-ce pas là une de ces nombreuses fictions dont la pratique dispose à son aise?

À mon avis, la question de prééminence d'un des conjoints sur l'autre est une question fausse et qui ne devrait pas se poser. Mais, une fois posée, ce n'est pas sur le terrain légal qu'elle trouve sa solution ; c'est sur le terrain psychologique. Elle se résout au profit du plus énergique, du plus avisé ou du plus entêté. Cette question est très complexe, échappe aux calculs et aux prévisions. Vous ne sauriez vous flatter de gouverner par l'intelligence. Si vous avez affaire à un compagnon aveugle et obstiné, vous serez infiniment plus sensible à son obstination que lui à votre raison, et il se peut qu'il vous domine bientôt de toute la hauteur de son incapacité. En général, quand la question du pouvoir s'est nettement posée dès le premier jour et qu'il s'est agi de savoir lequel mènera l'autre, la lutte se termine au bout d'un certain temps par la victoire de l'un des concurrents. Il détient alors l'autorité. L'autre suit docilement. A condition que celui-ci ne remette pas le pouvoir en question, tout va bien. S'il fait mine d'avoir une opinion personnelle, la situation se gâte. On le traite d'insurgé, à moins que, pris par les sentiments, on ne lui répète sans cesse : « Tu ne m'aimes plus! »

L'état de choses que nous venons de décrire est, pratiquement, le plus répandu. Il réussit quelquefois. Il y a des ménages autocratiques; le sceptre se trouve aux mains du roi ou de la reine et ils sont heureux ainsi. La paix règne, personne ne se plaint; les sujets sont satisfaits et le gouvernement paternel. Mais dans combien de cas n'est-ce pas tout le contraire? Les alliés, alors, n'arrivent qu'à s'opprimer, s'avilir, se contrarier ou s'éteindre l'un l'autre. A supposer toutefois qu'aucun de ces inconvénients n'existe, que le gouvernement autocratique soit toujours paisible, repose sur le légitime ascendant de l'énergie, de l'intelligence, des sentiments nobles, et ne s'abaisse jamais à régner par la peur, l'opiniâtreté, ou, le pire moyen de tous, la sensualité : ce gouvernement ne serait pas l'idéal.

La dignité pareille de l'homme et de la femme nous fait concevoir comme un état inférieur, cette domestication de l'un des époux par l'autre. Il nous paraît peu conforme à cette dignité, dont en somme le christianisme nous a ré. élé la valeur, que l'un d'entre eux dise, même au nom de qualités supérieures : *nous deux, c'est moi !*

La loi, la direction, l'autorité, nous apparaissent comme impersonnelles, élevées au-dessus des êtres particuliers. Quand l'accord est parfait, on ne sait plus qui commande ou qui obéit. On avance ensemble, pareils aux ailes d'un même oiseau, ignorant complètement laquelle des deux dirige le vol. L'accord ne consiste pas dans la sujétion de l'un à l'autre, ni même dans le partage des influences où mari et femme se retranchent chacun derrière ses frontières et ses attributions. L'accord est dans la soumission commune à la raison, à la justice, à la vérité. Il ne s'agit pas de savoir qui commande, mais ce que commande la situation. Les alliés ont beau être d'intelligence inégale, de lumières disproportionnées, ils ont besoin l'un de l'autre, et la seule préoccupation dont ils doivent se débarrasser complètement est celle d'avoir raison et de dominer. Il faut tendre à acquérir ce genre de désintéressement.

Un des grands dangers des unions monarchiques est la disparition du monarque. Une femme qui n'a pas été associée par l'intelligence à la direction des affaires domestiques, perd la tête en même temps qu'elle perd son mari. Habituée à obéir, elle ne saura prendre aucune initiative et toute responsabilité l'effraiera. La voilà destinée à tomber aux mains de qui voudra la diriger. Un homme n'ayant regardé le monde qu'à travers les yeux de sa femme, n'y voit plus goutte si sa femme vient à lui manquer. Associons-nous de telle sorte qu'au besoin l'un de nous puisse remplacer l'autre.

D'ailleurs, le long de la vie, est-ce d'un subalterne docile dont nous avons besoin avant tout, ou d'un allié capable de nous offrir un point d'appui si nous faiblissons, ou une résistance si nous nous égarons? La plus précieuse ressource dans cette vie agitée est l'alliance d'une volonté sûre, amie. Pour la faire éclore, la former, la respecter, rien ne doit nous coûter. Alors, l'un devient le refuge de l'autre. Une des consolations de l'existence est d'avoir près de soi quelqu'un à qui l'on puisse tout confier comme s'il était nous-même. Il pénètre dans la solitude intérieure, où nous agitons les graves questions et portons les lourdes responsabilités, et nous sommes heureux de savoir que tous les fardeaux ne sont plus uniquement sur nos épaules. Certains caractères se montrent plus disposés à la servitude qu'à l'alliance. Il ne faut pas les abandonner à leur penchant vers l'abdication; mais au contraire éveiller leur personnalité, les engager à la faire valoir. Ainsi l'on s'entraîne à l'aide mutuelle et à la confiance. Entre

mari et femme, une initiation semblable est nécessaire. La peine qu'elle donne est largement com-
pensée par les résultats qu'elle produit.

Tous deux ont le plus grand profit à se tenir
l'un l'autre franchement au courant de ce qui touche
à leurs intérêts communs, matériels ou spirituels,
à s'en partager le souci. Que surtout ils entretiennent et provoquent sans cesse la sincérité, par la
façon dont ils font leurs observations et reçoivent
les avis ou les confidences de l'autre. Il y a des conjoints qui ont coupé court aux francs rapports et
poussé à la dissimulation, par leur étroitesse d'esprit et leurs remarques déplaisantes. La sincérité
humaine ne doit jamais être soumise à de trop rudes
épreuves. Sachons l'encourager, lui souhaiter la
bienvenue, et pour qu'elle ne quitte pas notre foyer,
effarouchée par nos procédés, réservons-lui notre
plus aimable, notre plus indulgent accueil. A supposer que nous soyons surpris d'apprendre certaines
choses, et ne puissions approuver ce qu'on aura
laissé voir, soyons du moins reconnaissants de
l'avoir su. Avec de la droiture et de la bienveillance, on arrive toujours à sortir de difficultés. Le
jour où la peur nous gagne l'un en face de l'autre,
où, pour avoir la paix, on préfère cacher ses sentiments, un coup terrible est porté à l'union. Alors,
construit de nos propres mains, naît et s'épaissit
entre ceux qui devraient se comprendre, ce mur
impénétrable et sourd avec lequel à la même table
et sous le même toit, on est séparés l'un de l'autre.

Ils sont nombreux ceux qui ont regretté d'avoir maintenu leur conjoint dans l'ignorance des choses où la prospérité, la santé, la conduite étaient engagés. Mais on compterait ceux qui ont regretté de s'être tenus réciproquement au courant. Combien de malheurs auraient pu être prévenus, si en temps utile l'un des deux avait su ce qui se passait! Faisons donc notre éducation mutuelle pour le partage sincère de l'existence et de ce qu'elle nous apporte. Qu'aucun ne se réserve quand il demande à l'autre de s'avancer et de se donner. Des deux parts il faut y aller de bon cœur et avec loyauté.

Ceux qui ne font pas cela ne savent pas ce qu'ils font. Dans tous les événements importants de la vie, ils deviennent l'un pour l'autre une cause de chagrin et une source de contestations, chacun de ces événements leur montrant leur isolement, ou leur faisant découvrir des dissimulations mutuelles. Les fardeaux en sont aggravés, le mal pire. Oh! la triste chose que des infortunes, des accidents, excitant la discorde entre ceux qui devraient les porter ensemble! Au contraire, quelle ressource lorsque deux font un et peuvent absolument compter l'un sur l'autre! N'importe ce qui arrive, ils le portent d'un même effort, ils se disent : « Ta peine est ma peine ». Ils ne songent pas à s'accuser de leurs fautes, mais chacun regrette celles de l'autre, comme si c'étaient les siennes, et s'applique à les réparer. Partout où l'accord manque, toute difficulté est comparable à un assaillant qui a une intelligence dans la place. Si l'accord existe la place est bien gardée. Chacun est à son poste. Travailler ensemble, lutter ensemble, souffrir ensemble; ne jamais trouver porte close quand on a besoin d'apaisement, d'une bonne parole; marcher du même pas en vrais compagnons d'armes, comme cela rend la vie meilleure et le cœur plus ferme! A mesure qu'on avance on se sent mieux liés. Tout le passé commun vous serre l'un contre l'autre. Cet accord, connu une fois, il est la chose du monde à laquelle on tient le plus. Tout le reste est secondaire. Combien de fois ai-je entendu dire ces paroles, cri du cœur de tous ceux qui sont arrivés à réaliser l'unanimité : « Arrive ce qui voudra, ce qui pourra, pourvu que nous restions d'accord! »

Sur ces hauteurs de paix où les cœurs s'appartiennent et sont sûrs l'un de l'autre pour toujours, on comprend mieux l'amour. Qui donc le connaît, cet hôte divin, plus doux que le bonheur, plus beau que le printemps, plus fort que la mort? On ne le sondera jamais. Dans la jeunesse, nous le recherchons et nous croyons l'éprouver quand une certaine sympathie ardente, une douce chaleur nous avertit qu'un autre être nous est cher et que nous tenons à lui. Ceci n'est que le commencement de l'amour. Chez beaucoup, cette fleur printanière tombe vite sans porter de fruits. De combien de ces fleurs, flétries et fanées au vent du désert, effeuillées au froid, aux tempêtes, le chemin des hommes n'est-il pas semé!

4.

Pauvres germes d'amour tombés sur des cœurs trop durs, trop égoïstes, qui n'ont pas trouvé le suc vivifiant de la terre nourricière ! Ils nous montrent surtout de l'amour la fragilité, la grâce éphémère. Je ne les condamne pas, je les plains comme on plaint tout ce qui meurt en son matin.

Malheureusement on s'habitue trop à voir ces unions où l'amour, mort jeune, est une relique qui dort oubliée au fond du souvenir, comme les fleurs d'oranger et la robe de noce dorment dans quelque armoire. Il doit en être ainsi, finissons-nous par croire : c'est la loi commune !

Élevons plutôt nos cœurs vers quelque chose de plus durable, un amour plus persévérant. Celui-là ne s'en va pas avec les roses. Il reste, il est fidèle, vivace, endurant. Il supporte les bourrasques, il ne craint pas les gelées ; les chaleurs tropicales ne lui font pas peur. Il est tout autre qu'un joli enfant un peu mutin et un peu capricieux. C'est un rude et vigoureux compagnon. Les beaux jours ne lui sont pas indifférents, mais il se montre et se prouve surtout dans les jours mauvais. Il sait souffrir, pardonner, supporter. Il ne dépend ni d'un rayon de soleil ni de la couleur d'un cheveu. Il n'a pas d'âge ; ou plutôt comme le bon vin, il gagne à vieillir et nous fait songer à ce délicieux proverbe allemand : « Alte Liebe rostet nicht [1]. »

Restons un peu encore en sa compagnie. Où serait-on mieux ? Et comparons cet amour consacré

___

1. « Vieil amour ne rouille pas. »

par toute la vie, à l'amour tel que nous l'observons dans la jeunesse.

Quand on est jeune, pourquoi s'aime-t-on ? Car on a toujours quelques raisons pour s'aimer ; n'est-ce pas une des choses les plus douces de se le répéter ? L'amour est aveugle, dit-on. Cela signifie seulement qu'il ne regarde pas avec les yeux ordinaires. S'il ne voit pas ce que nous voyons, il voit aussi ce que nous ne voyons pas. Il regarde par des yeux intérieurs. Jeune, on se sent donc attiré l'un vers l'autre par de mystérieux pouvoirs qui nous subjuguent. Mais à côté de ce qu'on ne saurait ni exprimer ni définir, il y a certains motifs qu'on s'avoue et que l'on connaît.

On s'aime pour la grâce, la force, l'avenir, la bonté du cœur, l'esprit, pour la gaîté, la fraîcheur, l'éclat profond des yeux, pour tout ce que Dieu a mis de charme dans cette fleur fragile, ornée de tous les rayons des cieux et de tous les sourires de la terre, et qu'on appelle la jeunesse.

Et l'on a raison de s'aimer et de se dire pourquoi, sans jamais se lasser.

Mais s'il nous est donné de nous aimer longtemps, le pourquoi de l'amour se modifie et la comparaison de ces deux pourquoi, celui de la jeunesse et celui de l'âge mûr ou de la vieillesse, celui qu'on se dit sous la neige des pommiers et celui qu'on se dit sous la neige des années, est pleine d'une beauté d'âme infinie.

On s'aime alors pour les souffrances passées, pour

les travaux communs, pour les rides du front où est écrite notre histoire, pour les fautes pardonnées, pour tous les souvenirs heureux ou tristes. On s'aime dans ses enfants et ses petits-enfants. Et, avec tout cela, on s'aime encore parce qu'on a été jeunes ensemble et parce qu'on se rappelle l'un à l'autre cette jeunesse.

J'estime que ceux qui ont ressenti cet amour, sur les sentiers changeants de la vie, ont reçu un trésor inestimable. Ils ont possédé ce qu'il y a de meilleur. Même s'ils sont pauvres, en cela ils seraient plus riches que ne peuvent nous rendre tous les autres biens; même s'ils pleurent sur des tombes, seuls désormais, je leur dirai : « Vous êtes plus heureux que ceux qui ne l'ont jamais éprouvé. » Et s'il m'était permis de formuler un souhait pour tous ceux, connus ou inconnus, qui liront ceci, je leur dirais : « Qui que tu sois, je te souhaite d'être aimé et d'aimer ainsi », et bien que nous soyons loin d'avoir toujours l'amour que nous méritons, j'ajouterais : « Rends-toi digne d'un tel amour. »

CHAPITRE VI

Paternité, maternité.

L'homme s'agite et Dieu le mène : voilà une vieille formule de religieuse sagesse, dont la profondeur m'est apparue surtout lorsque j'ai songé au mystère de la vie dont nous sommes les gardiens. Nous le tenons des pères, nous le transmettons aux enfants et nul ne l'a jamais expliqué. En nous et par notre moyen, s'accomplit une œuvre qui nous dépasse. Nous y sommes associés par la joie, la douleur, par des actes où notre responsabilité est engagée au plus haut point, et cependant nous ne sommes que les instruments d'une puissance supérieure. Les plus croyants et les plus intelligents n'ont jamais pu en pénétrer les vues dernières ni percer à jour l'action créatrice. Nous ne pensons pas assez à cela. Une vieille habitude semble avoir émoussé notre attention. Nous sommes pères ou mères par routine, imitation ou fatalité, sans que la noblesse de ces titres nous soit révélée. Nous connaissons de l'humanité sa figure apparente et ses gestes superficiels : sa sainteté nous échappe. C'est une fleur divine qui, dans la plupart d'entre nous, ne s'ouvre jamais.

Il y a plus : nos yeux s'arrêtent aux scories de l'existence, à ses misères, ses égarements, ses souillures. Nous nous abreuvons de sa lie, nous faisons notre pain de ses déchets impurs. Telle est l'ignorance et l'aveuglement de nos cœurs profanes, que les sources sacrées de la vie sont peut-être la région où il s'est accompli le plus de crimes et d'abominations. Nous les avons si bien piétinées et troublées qu'elles sont devenues suspectes à beaucoup. Ceux-là ont cru réaliser un degré supérieur de vertu en s'en éloignant, en renonçant à jamais à cette dignité, qu'aucune autre ne saurait égaler, et dont le pur rayonnement remonte jusqu'à Dieu : la dignité paternelle, la dignité maternelle.

Être père, être mère, non plus seulement par la poussée des instincts et les lois naturelles, mais par la libre adhésion de l'âme ; transformer en lien du cœur et de l'esprit le lien des fatalités extérieures, s'associer à l'intention qui a voulu que nous nous devions la vie les uns aux autres, c'est vivre dans les profondeurs, élargir son horizon, c'est presque participer, par une nouvelle naissance, à un degré supérieur de l'être.

La vraie paternité ne s'improvise pas. Elle est préparée de longue date. Ne fait-elle pas partie de cette haute prévoyance qui partout se soucie de l'avenir, le combine et lui ménage sa place?

Il n'est permis à personne d'oublier qu'il porte l'avenir en lui. Se rappeler cela, c'est acquérir l'étoffe préalable de la paternité. Le négliger, c'est sortir de la cohésion humaine.

Chacun de nous par sa conduite influe sur le sort de ceux qui descendront de lui. L'homme n'imprime pas seulement la trace de ses pas sur le sable de ses jours rapides, il l'imprime sur le visage et sur le cœur des générations qui ne sont pas nées. Notre manière d'être détermine d'avance les lignes essentielles de leur constitution, de leur pensée, de leur caractère.

En plantant ses arbres le vieillard de La Fontaine dit :

> Mes arrière-neveux me devront cet ombrage!

Et nous lui savons gré de cette sollicitude, de ce long regard bienveillant. Un jour, quand il aura depuis longtemps disparu, les arbres plantés par lui resteront. Sur la tête des enfants rieurs, sur les membres fatigués des voyageurs endormis, ils étendront leurs branches tutélaires, et le vieillard est heureux du bien qu'il accomplira par eux. Recueillons cette leçon de prévoyante bonté. Nous

avons tous de très fortes raisons pour nous préoccuper de l'aide ou du dommage que nous assurons
à nos successeurs, dans notre être et dans notre
sang, dans nos habitudes, nos tares et nos qualités.
On ne vit pas pour soi-même : c'est un axiome
d'ordre général, vérifiable à travers toutes les relations humaines, mais avec quelle rigueur cette
vérité ne s'applique-t-elle pas à l'hérédité! Tout ce
que nous faisons et tout ce que nous sommes lais-
sera des traces dans l'héritage que nous constituons
à nos enfants. Une des paroles les plus touchantes
et de la plus lointaine portée qui aient jamais été
prononcées, c'est celle que M. Pasteur, le jour de
son jubilé à la Sorbonne, consacrait pieusement au
souvenir de ses parents quand il disait : « Je vous
remercie de ce que vous avez été. »

Nous ne sommes pas ici en face de théories plus
ou moins arbitraires. Nous touchons du doigt ce
qu'il y a de plus positif. Il ne s'agit pas non plus de
chimères lointaines, de précautions exagérées, mais
bien de la plus directe et de la plus urgente sagesse
pratique. L'homme assez attentif et assez respectueux, pour observer simplement les conséquences
que le titre futur de père et de mère nous engage
à tirer pour notre conduite personnelle, n'aurait
pas besoin d'une autre lumière afin de bien rem-
plir son devoir. Toute la morale est indiquée par
les relations humaines. C'est la loi éternelle, la loi
divine gravée dans nos fibres.

Toutefois cette loi prend un caractère d'actualité,

à partir du jour où il n'est plus question seulement d'une possibilité plus ou moins éloignée, mais de réalités prochaines. Là, alors, nous attendent d'étranges surprises, des leçons inattendues. Nous ressentons des choses absolument inouïes. On devient père et mère depuis qu'il y a des hommes, et ceux qui passent par là éprouvent des sensations aussi nouvelles que s'il se produisait un événement jusqu'alors inconnu! On a beau nous en parler, nous en donner des pressentiments, personne n'y a jamais rien compris que le jour où il a été lui-même père. Combien l'école de la vie est différente de toute autre école, et que ses enseignements sont donc pénétrants!

*
* *

L'attente de l'enfant est tout un monde de grâce et de recueillement salutaire. Généralement tout cela passe presque inaperçu, comme la plupart des événements de la vie intérieure. Jusqu'ici j'ai plutôt parlé des pères, ici je songe aux mères, mais toujours ce que je dis des uns est en une certaine mesure vrai pour les autres. Ils s'en aperçoivent bien lorsqu'ils pensent ensemble à celui qui n'est encore qu'une espérance, à cet inconnu aimé à travers le mystère qui les en sépare. Mais la mère ici a le plus de privilège : Dieu l'a faite gardienne de l'espérance. Qui vous dira tout ce qui se passe entre vous et ce cher hôte à qui vous préparez l'accueil?

Voici sa couchette où plus rien ne manque, ses petites chemises et ses brassières cousues avec amour. Vous essayez sur votre main son mignon bonnet, pour vous donner l'illusion d'une petite tête. Et quand vous regardez ses bas de laine très blanche, un petit pied vous semble déjà sagiter dedans. Si jamais on en arrive à désespérer de l'humanité, ou à la mépriser, le salut nous viendra de celles à qui parlent tout bas, en leurs longs et délicieux tête-à-tête, les petits messagers du bon Dieu qui doivent arriver demain. Rien au monde n'est plus touchant que la vie quand elle est encore enveloppée, invisible. Le bouton de rose plus attirant que la rose épanouie; l'aube nous fait rêver bien plus que le midi éblouissant. L'évangile nous montre Marie saluée par un ange. Dans ce monde obscur et brutal, où toute beauté vraie est une beauté cachée, dans la foule qui vous ignore, au foyer même où parfois on ne semble pas vous remarquer, jeunes mères à qui Dieu confie ceux auxquels il confiera Demain, je ne vous rencontre jamais sans entendre d'invisibles voix murmurer, sur votre passage, cet hommage éternel, qui de la mère du Sauveur s'étend à toutes les mères : *Je vous salue, Marie!*

Mais si vous êtes saluées, mères heureuses, il faut penser plus encore à celles qui sont dans la peine, et aux pauvres petits sur qui l'on pleure d'avance. La question humaine, résumée dans toute sa tristesse, c'est une mère attendant dans le dénuement et pour qui l'espérance se transforme en angoisse. De quoi le vêtirons-nous, avec quoi le couvrirons-nous? Comment sera-t-il accueilli? Y aura-t-il seulement quelqu'un pour lui souhaiter la bienvenue? Oh! combien la vie est dure, et l'avenir noir pour certains, les déshérités de la fortune, de la santé et pour les déshérités du bonheur, quand le logis est froid, la bourse vide, ou que les cœurs sont désunis! Nous avons vu la lumière, mais voici l'ombre. Il n'y en a pas de plus froide et de plus effrayante dans la création. Ceux qui sont assis dans la chaude lumière ne doivent jamais perdre de vue cette ombre! Si la maternité est sacrée, si elle imprime à nos fronts un signe céleste, si bien comprise elle résume tout ce que l'homme doit à l'homme, ne commencera-t-elle pas par attendrir nos cœurs? A travers nos émotions devinons celles des autres. Que la maternité heureuse ait souvenir de la maternité malheureuse! Les pères et les mères s'entendent et fraternisent par les entrailles d'un bout du monde à l'autre. Quelque chose nous est commun qui triomphe de toutes les barrières, de tous les schismes. Et voici, l'enfant attendu, avant même d'entrer dans le monde visible, de s'encadrer dans un milieu social, de recevoir une éducation et de subir une empreinte, nous recommande cet autre enfant, arrivant comme lui, et qui peut-être n'aura pas où reposer sa tête. Si nous savions écouter cette voix discrète qui s'élève du centre même de notre être, elle nous enseignerait la plus pure tendresse, et le faible, le pauvre, celui qui s'apprête à échouer sur nos rivages comme un naufragé, trouverait en naissant des mains pour le porter, le couvrir et le réchauffer. Tous les jours les parents font connaissance au cimetière, avec d'autres parents venus visiter de petites tombes, où pleurent parfois de si grandes peines. C'est la fraternité dans les larmes et dans la mort. J'en appelle de mes vœux une autre, celle de la vie, d'avant la vie, devrait-on dire. Pour l'amour de l'enfant attendu, on veut une terre meilleure, des mœurs moins souillées, des cœurs moins durs; on désirerait, pour lui, aplanir les routes, adoucir les pentes, apaiser les colères. Pas de souhait plus légitime. Transformons-le en actes. Pratiquons la sainte cohésion de la famille humaine. Tendons une main secourable aux mères qui attendent dans les larmes.

Ainsi nous préparerons le chemin aux arrivants et leur permettrons de s'aimer mieux que nous. Et, donnant à cette pensée une extension plus grande, j'ajoute : que cet hôte attendu nous rapproche de Dieu et nous rapproche des hommes, de tous les hommes. Puisqu'il va venir, pardonnons à ceux qui nous offensent, sourions à ceux qui nous font grise mine, mettons de la lumière dans nos yeux et de la chaleur à notre foyer. Ceux que Dieu nous envoie ne doivent pas tomber au milieu du désordre, des disputes et des visages assombris ou courroucés.

*
* *

Mais voici, l'heure est venue. Celui qu'on attend est à la porte, et pour l'avoir, pour le posséder, le serrer dans ses bras et sur son cœur, il faut le conquérir de haute lutte, dans l'angoisse et la douleur. Pourquoi ces souffrances, ces cris? Pourquoi ces dangers, ces efforts, ce drame de la naissance! Oh non! jamais l'homme ne s'y fera. Si nous étions les maîtres des destinées, nous n'aurions pas mis tant de difficultés et de labeurs à l'entrée de la vie. Tout cela nous dépasse. Combien de fois, depuis qu'il y a des créatures humaines, leurs mains se sont-elles jointes, pour demander que ce calice leur fût épargné!

Et pourtant c'est dans cette misère et cette souffrance, que se trouvent nos plus belles richesses. Achetée à ce prix, l'existence n'en paraît-elle pas plus précieuse? Nous aimons les biens en raison de ce qu'ils nous ont coûté, et nos enfants en raison de ce qu'ils nous ont fait souffrir. S'ils n'étaient pas un morceau de nous-mêmes, douloureusement séparé de l'ensemble, nous n'y tiendrions pas tant. Notre bonheur est un trésor dont la souffrance est le prix.

Cette souffrance d'ailleurs, toujours redoutée laisse en général peu de regrets. On ne se plaint pas du mal qu'on a eu, si on lui doit d'être plus aimé, et d'apprendre à mieux aimer. Ces douleurs auxquelles nous devons la vie sont un très puissant ciment. L'homme, pour cette heure, aime davantage sa femme parce qu'elle a souffert. Et n'est-ce pas au lendemain de cette crise redoutable, qu'une jeune femme aime mieux que jamais sa propre mère, et l'embrasse en lui disant « maman », avec une tendresse toute nouvelle? Sa propre expérience lui a révélé la profondeur du sacrifice maternel.

*
* *

La Bible dit : La femme oublie ses douleurs *parce que l'homme est né*. Parce que l'homme est né : dans ces trois mots, il y a toute une philosophie, toute une religion. Oublier sa douleur parce que l'homme est né, c'est donc dire : la vie est bonne, il faut se réjouir qu'un être nouveau y soit admis. Et cette joie a résisté à tous les pessimismes et à toutes les désillusions. L'antique parole s'accomplit tous les jours. La terre est vieille, l'humanité chargée de fardeaux, le mal est monstrueux; mais tous les jours, ici, là, on se réjouit de ce qu'un homme est né. Ne semble-t-il pas qu'avec chaque enfant des hommes une étoile se lève, pour éclairer notre nuit, et que Dieu nous l'envoie pour nous dire : « Courage, je suis là, je pense à vous et vos misères finiront. »

En attendant, cette petite étoile est bien pâle et bien tremblante. Ce n'est qu'un point dans l'ombre, un lumignon qui s'éteindrait vite. Aussi le premier sentiment qu'il nous inspire, après la joie, c'est la pitié! Quel spectacle que celui de l'homme aux premières heures de la vie! Il est nu, il est pauvre, il est infirme, il ne sait rien, ne voit rien, ne peut rien. C'est à peine si on peut le toucher, tant il est fragile! Mais, ne crains rien, petit mendiant dont les cris s'élèvent comme une supplication au bord de quelque chemin perdu! Ton dénuement fait ta victoire; ta faiblesse fait ta force. Ta misère est un abîme, mais l'amour maternel, la pitié maternelle, en est un autre. Dans ses bras, sur ses genoux, tu seras roi. Bientôt, grâce à ses soins, tu deviendras robuste, souriant; tes yeux brilleront comme ces doux rayons du soleil printanier, qui mettent de la lumière sur les fronts les plus sombres, dans les coins les plus obscurs. La tendresse t'aura transformé : tu seras beau comme un amour, « comme un bel astre », selon l'expression du vieil Homère.

Avez-vous remarqué comme la beauté de l'enfant rayonne dans la peinture et dans la poésie? Elle fait partie de ce que l'art a de plus pur et de plus attendrissant. L'enfant Jésus, sur tant de toiles admirables, est enrichi de tous les charmes des enfants des hommes, et, de toutes les grâces maternelles ramassées dans la vie et dans le souvenir, les peintres ont composé l'auréole de sa mère Marie.

Quel centre chaud et lumineux que l'enfant! Son berceau, blanche nacelle, est comme un symbole de paix dans ce monde agité. Peut-on rien voir de plus paisible qu'un enfant endormi, dont les poings fermés, l'absolue sécurité et le calme parfait, nous

rappellent ce vers du poète Hebel à l'immortel
patois :

Er schloft, er schloft, do liegt er wie'ne Grof [1].

Il y a bien plus dans ce charme de l'enfance que
la grâce innocente d'un âge qui n'a pas encore touché à une souillure. L'enfant, c'est la colombe de
l'arche, c'est un divin symbole d'espérance, un gage
permanent que Dieu nous donne. En chaque tête
bouclée refleurit le rêve infini, pour la réalisation
duquel tout l'univers est construit. En chacune
renaît de ses cendres la sainte flamme de l'espérance.
Certes, chacun de ceux en qui s'incarnent ces belles
promesses, ne tiendra que pour un seul et peut-être
même tiendra bien peu de chose. N'importe, à son
heure il nous a rappelé que rien n'est jamais fini,
que dans la vieille lutte pour le bien, la justice, la
vérité, il naît d'heure en heure des recrues nouvelles, qui relèvent le drapeau et recommencent
l'assaut. Après les batailles perdues, les décourage-
ments et les capitulations, quand tout semble fini,
voici venir, profonde, à perte de vue, comme les
vagues de l'Océan, l'incommensurable réserve de
l'avenir !

Obscurément, c'est là ce que nous ressentons à travers nos soucis pour l'enfant, à travers le sentiment
paternel et maternel. Pour nos mères, nous traver-
sons la vie, entourés de la lumière qui éclairait nos
visages d'enfant. Elles nous voient toujours à travers

« 1. Il dort, il dort ! le voici couché comme un prince. »

cette magie première. Si elles pouvaient, elles nous garderaient jeunes, éternellement. Comme Josué arrêta le soleil sur la plaine de Gabaon, elles arrêteraient sur nous le sourire du matin. Ne pouvant empêcher la vie de changer, elles donnent pour abri à leur rêve un cœur qui ne change jamais. Même sous les traits de l'homme dégradé, la mère sait retrouver ceux de l'enfant innocent qu'il était jadis; pour l'amour de l'enfant elle pardonne à l'homme. Nous avons beau grandir ou vieillir et nous enlaidir, perdre les cheveux, la gaîté : en esprit elles nous tiennent sur leurs genoux, nous avons des boucles blondes et elles ont vingt ans. Dernièrement à Genève, en compagnie d'un vieillard de soixante-quinze ans, je rendais visite à sa mère qui en a quatre-vingt-treize. Elle l'appelait « petit », et quand il lui disait « maman », je sentais bien que ce qui parlait en ce vieillard, c'était son cœur d'enfant. — La terre n'offre rien de plus grand que ce qui se cache sous ces petites scènes-là.

Ainsi nous marchons enveloppés de la tendresse maternelle. Avant la vie elle nous attend et nous prépare la place; elle nous reçoit à l'entrée et ne nous quitte plus. Pour elle nous sommes et nous resterons; l'âge n'y change rien, le temps n'y peut rien, la mort non plus. Pour une mère on n'est jamais mort. Aussi l'amour des mères et des pères, cette immuable et fidèle tendresse est-elle la représentation même, dans ce monde périssable, de la Bonté éternelle.

Le visage de nos parents est la première figure par laquelle Dieu nous regarde en ce monde. Il nous apparaît parfois plus tard sous des formes troublantes et terribles. Nous ne le reconnaissons plus : l'univers nous paraît morne, froid, ennemi, et la tristesse noire nous gagne, la tristesse des orphelins ou des enfants qu'on n'a pas aimés. Mais il faut garder la première impression : là est la vérité. Pour vivre, il faut croire à la sainte paternité, dont notre père tient la sienne, au foyer éternel où s'est allumé le cœur de nos mères !

CHAPITRE V

Une pépinière d'hommes. — Parents et enfants.

Chaque homme résume en lui une somme de peine et de labeurs du passé; en chacun sommeille une espérance d'avenir. Faire fructifier cette peine, réaliser cette espérance, c'est l'œuvre de l'éducation. Elle consiste proprement à tirer de chacun ce dont il porte en lui l'étoffe.

De toutes les influences éducatrices, la plus puissante est celle de la famille. Elle arrive la première, à l'heure où l'école n'est encore qu'une lointaine éventualité. Son action continue quand l'école nous a pris et elle persiste après l'avoir quittée. De plus, l'hérédité naturelle, par les affinités et les tendances qu'elle met en nous, prépare la place à l'empreinte familiale, et nous prédispose à la recevoir. L'énergie éducatrice du milieu familial pour le bien, comme pour le mal, est donc prépondérante. Sans son secours, il est bien difficile de faire œuvre qui dure. Par son côté néfaste, vicieux, l'influence de la famille a de quoi décourager les plus entreprenants et les plus dévoués. Même arraché dès l'enfance au milieu mauvais, l'homme en a quelquefois subi l'incurable contagion, reçu la marque indélébile. Tous tant que nous sommes, éducateurs religieux ou laïques, nous n'avons que des moyens intermittents ; nous arrivons tard, lorsque déjà les plis sont pris, nous restons en rapport avec les enfants pendant plusieurs années pour les perdre de vue ensuite. Notre œuvre est comparable aux constructions faites par les jeunes baigneurs sur le sable des grèves, à marée basse. Fruit d'un labeur ardent, voici une forteresse qui s'élève. Elle a ses remparts et ses fossés, ses ponts-levis et ses tours. C'est ingénieux et plaisant. Dommage seulement que cela soit si éphémère! Dans une heure, le flot montant étendra sur tout cela ses eaux niveleuses. Les remparts s'abaisseront, les fossés se combleront, les tours s'écrouleront, et il y aura comme avant du sable fin et tassé, sur lequel aucune ride ne trahira plus le travail qui s'était accompli là.

Cette influence mauvaise a heureusement son contrepoids. Lorsque la souche de famille est saine et que, tout jeune, l'homme y a reçu, bien au fond de son être, quelques impressions puissantes, on a beau le détourner et le corrompre plus tard, jamais on n'est sûr de lui; jamais il n'est définitivement acquis au mal. Sa conscience peut se réveiller, son milieu peut le reprendre, et alors, dans le repentir et la douleur libératrice, vous voyez s'écrouler tout l'édifice d'une éducation perverse. Raison de plus pour attacher une grande importance à la fonction éducatrice du foyer, et pour soigner cette base dont dépend le reste.

*
* *

Notre influence éducatrice est déterminée par ce qui prédomine en nous. On communique moins aux enfants ce que l'on dit que ce que l'on est. Si notre démarche morale est incertaine, nous avons beau indiquer le droit chemin, l'enfant qui nous donne la main marchera comme nous, en chancelant. L'éducation des enfants commence donc par nous-mêmes. Pour guider autrui, il faut être ferme et y voir clair. *La première condition de l'éducation est la sûreté.* Je pourrais dire l'autorité, mais en ajoutant quelques observations. Notre temps a besoin de se rendre compte de ce qu'est l'autorité. L'heure est venue de la marquer, au foyer, plus vigoureusement que ne le font les mœurs présentes. Mais, pour en user, il faut savoir en quoi elle réside.

Qu'est-ce que l'autorité? Ce n'est pas un droit conventionnel, accordé aux parents pour des raisons d'ordre et de discipline. Les lois ont beau donner des pouvoirs aux parents, la coutume et les croyances religieuses ont beau les affirmer;

l'autorité ne consiste pas dans ces pouvoirs. Ils peuvent n'être qu'une forme déguisée du droit du plus fort. Et de fait, dans beaucoup de maisons, l'autorité des parents ne s'exerce pas sous une autre forme. Ils se font obéir parce qu'ils sont les plus forts. La soumission qu'ils obtiennent est de la contrainte, non de l'obéissance.

Les corrections infligées sont des luttes inégales, où un être robuste fait sentir le poids de son bras, ou de ses autres avantages, à un être plus faible. Mais que devient une pareille autorité le jour où les enfants arrivent au combat avec des forces égales? C'est une révolte d'esclaves qui balaie tout. Notons que cet état de choses n'existe pas seulement dans certains milieux grossiers, où l'autorité paternelle a pour symbole des coups et des voies de faits de tout genre. Il existe partout où l'on emploie la violence, consisterait-elle seulement en paroles, ou dans ces coups d'autorité, plus sensibles quelquefois et plus malfaisants que des coups de bâton.

Tenir les enfants par la bourse, la famine, par la peur de n'importe quoi, confisquer leur initiative et les réduire à la servitude spirituelle et morale, cela ne s'appelle pas exercer sur eux une autorité.

L'autorité est une libre puissance d'âme ou bien elle n'est rien. On ne la possède pas par le fait même qu'on est père ou mère. Elle n'appartient qu'à celui qui s'en est rendu digne.

L'autorité consiste à donner par son attitude, son allure, tout ce qu'on fait et tout ce qu'on dit, une impression de réalité, de vérité, de droiture, à faire en un mot apercevoir à travers sa conduite les lois mêmes de la vie. Commander, parler haut et sec, faire des gestes impératifs, ce ne peut être après tout qu'une vaine démonstration de surface, et sous ces airs de grandeur se cache souvent le néant d'une âme médiocre et d'une conscience vacillante. Le tout, c'est d'être quelqu'un, de valoir, de réaliser ce qu'on dit. L'autorité familiale ne s'exerce pas de préférence au moment où vous donnez un avis ou une direction : c'est par une contagion perpétuelle du contact moral, de l'activité, de l'existence entière. *Nos enfants nous voient vivre* : à supposer que nous ne disions rien, c'est dans ce qu'ils voient de notre vie, démêlent de nos motifs et de nos intentions, perçoivent confusément de notre fonds moral, que consiste notre autorité. Il y a de modestes parents, peu aptes à formuler les règles de la conduite, à combiner en doctrine la sagesse de vivre, incapables même de mettre en un discours correct ce qu'ils croient juste et bon, des parents qui ont peut-être rarement usé du commandement et dicté des ordres. Ils n'en ont pas moins exercé sur leurs enfants, par le seul fait de leur vie fidèle, égale, rectiligne, une influence extraordinaire.

Mais tous les jours nous voyons des parents, beaux discurs de choses excellentes et distinguées, ou encore des parents impératifs, à cheval sur leurs prérogatives, n'avoir aucune prise sur la conscience de leurs enfants. La vie est une chose, la sonorité en est une autre. Jamais l'enfant ne s'y trompe. La force d'âme l'attire; une loi secrète le pousse à suivre ceux qui marchent droit et ferme.

L'autorité vraie est le plus grand bienfait qu'un enfant puisse rencontrer au début de sa vie. Aussi l'Écriture sainte résume-t-elle toute la morale de la jeunesse dans cette seule ordonnance : *Honore ton père et ta mère.*

Pour qui connaît quelque peu le cœur humain, il n'y a pas là une prescription extérieure, venant comme une barrière contenir l'indocilité native de la jeunesse. Il y a l'expression d'un besoin supérieur. Deux êtres sont dans chaque enfant : un petit frondeur toujours prêt à secouer le joug, et qui, après tout, est le gardien de la liberté que tant de choses menacent en son germe. — Et un disciple docile ayant soif de se joindre à un maître. Par ce que nous avons de meilleur en nous, nous aspirons au respect. Il nous est doux de nous appuyer sur une supériorité, de regarder à un modèle que nous puissions admirer et suivre. A celui qui n'a pu trouver à vénérer personne dans son enfance, il manque une chose essentielle. Une des plus nobles parties de son être n'a pas rencontré sa nourriture et s'est atrophiée. — Guidé par ce besoin de croire en quelqu'un et de le suivre, l'enfant prend sa place, sa vraie et modeste place d'enfant, presque de lui-

même. Pourvu que vous, parents, vous soyez respectables et ne le provoquiez pas à l'insurrection,
par une attitude dure et vexatoire, il est respectueux et heureux de l'être. Votre supériorité sur
lui, votre autorité deviennent le dogme fondamental
de son existence. Pour un vrai enfant, quand il a
dit *papa* et quand il a dit *maman*, il a dit ce qu'il y
a de plus sûr, de plus vénérable, de plus indiscu-
table dans le monde. Il doit en être ainsi. Et quand
il en est ainsi, c'est un bonheur à la fois pour l'enfant, les parents et la société. Que peut bien respecter celui qui n'a respecté ni père ni mère? Et
quelle qualité plus précieuse pourrait-on demander
aux libres citoyens d'un pays où le pouvoir suprême
est à la loi, c'est-à-dire au respect, que d'avoir
appris le respect en pratiquant le commandement :
Honore ton père et ta mère!

*
* *

Ayant ainsi marqué l'autorité dans son essence,
il nous reste à en décrire quelques signes, à noter
certains procédés susceptibles de la faire apercevoir
et d'autres qui la masquent ou la compromettent. Je
ne demande pas que l'autorité familiale soit pédante;
mais à demeurer trop invisible elle risquerait de
s'anéantir.

Les rapports des parents aux enfants ont de notre
temps pris un certain caractère de familiarité. On ne
s'aborde plus de part et d'autre, même dans les

6.

familles où l'éducation est bonne, avec les mêmes termes faits pour accentuer les distances, et mettre chacun à son rang dans la hiérarchie du foyer. Les pères trônent moins haut, les enfants s'inclinent moins bas. Ce qui caractérise leurs rapports, quand ils sont empreints du véritable esprit, c'est une cordialité amicale. Notre temps veut cela. Pas plus que la majesté royale, l'antique majesté paternelle ne lui a résisté. On ne restaurera pas son trône temporel et il est douteux qu'il faille le regretter. Mais il serait désastreux d'en laisser perdre l'esprit. Soyons donc, tant que le bonheur nous en est accordé, les amis de nos fils et de nos filles, mais aimons-les assez pour conserver à notre amitié un cachet paternel. Ne soyons pas leurs camarades, ce serait un très mauvais service à leur rendre. Et encore moins, descendons à être leurs serviteurs. La camaraderie, où s'oublie et s'efface notre dignité, fait perdre aux enfants la salutaire modestie de leur âge. Mais la domesticité du père ou de la mère pervertit dans la jeune génération le sens moral, et fausse son jugement. On ne peut changer certaines choses essentielles sans ébranler tout l'édifice familial et social, sans jeter le désarroi dans les esprits, les mœurs, et brouiller tous les rapports humains. Or, une chose essentielle, c'est que l'enfant se sache petit, et ne sorte pas de son rôle de dernier venu, qui a d'abord besoin de s'orienter, de demander son chemin, d'acquérir l'expérience auprès de ceux qui la possèdent. Que jamais les parents n'oublient cela ; qu'ils ne mettent pas trop les mains sous les pieds de ce petit homme, car ils en feraient un tyran. Et s'il est leur trésor, qu'ils se gardent de trop le lui dire : il se prendrait pour le diamant de l'écrin et eux pour le carton. Ces pratiques s'observent tous les jours et elles sont la destruction de l'éducation familiale.

Il existe dans certaines contrées, une très vilaine pratique. Le père de famille se fait servir à table des morceaux de choix auxquels les enfants et quelquefois la femme elle-même ne touchent pas. Mais, quelque brutal que soit ce procédé, il assigne à l'enfant un rang subalterne et met le père carrément au-dessus de lui. Et les résultats de cette coutume presque barbare sont quelquefois meilleurs que ceux d'une éducation où les parents se privent du nécessaire pour assurer à leurs enfants le superflu. Les enfants leur en savent rarement gré. Pour ma part, j'estime que, dans leur intérêt et pour l'amour d'eux, il ne faut jamais servir les enfants les premiers à table, ni leur offrir nulle part les meilleures places. Cela n'est pas de l'égoïsme, mais de la sagesse. Ils nous en remercieront plus tard quand ils comprendront nos intentions. La chose du monde qui exige de notre part le plus de clairvoyance, c'est la pratique du sacrifice à l'endroit de nos enfants. Il y a une façon de se sacrifier à eux qui leur fait plus de mal que la dureté de cœur, et souvent c'est en s'immolant que de trop bons, de trop faibles parents ont perdu leurs fils et leurs filles.

*
* *

Les parents ont un très bon moyen de mettre en relief leur dignité et d'y ramener l'attention distraite des enfants. C'est de se traiter entre eux avec beaucoup d'égards. Ils peuvent être sûrs que les enfants suivront leur exemple, surtout s'ils n'ont rien vu d'autre depuis l'âge le plus tendre. Le ton qui règne préalablement entre le père et la mère est destiné à se répandre parmi les enfants. Ils n'ont pas de peine à respecter une mère que le père lui-même traite avec toutes sortes d'attentions, et ils ne parlent jamais avec arrogance à un père que leur mère, devant eux, n'aborde qu'avec respect. Je considère comme une des plus tristes leçons de la vie de famille, et un de ses pires châtiments, de s'entendre dire par ses enfants des paroles malsonnantes qui ne sont que l'écho de nos propres voix.

Me permettra-t-on de parler ici des mauvais tours que nous jouent nos nerfs dans l'œuvre éducatrice ? Cela équivaut presque à parler de corde dans la maison d'un pendu : car les nerfs, aujourd'hui, c'est le mal universel. J'aurai ce courage pourtant, de crier : à l'ennemi ! L'autorité et la dignité ont pour figure extérieure le calme, la juste mesure. Aussitôt que les nerfs s'en mêlent, le calme s'en va, et de mesure il n'en est plus question. Le meilleur homme se met dans son tort, se rend ridicule, débite des folies. En un mot, il perd momentanément une partie de ce qui le rend respectable, et pour le respecter malgré cela, il faudrait une dose de philosophie et de charité ignorée de l'enfance. Des nerfs en éducation, il n'en faut pas ! Quand nos nerfs nous prennent, le moment est venu de nous cacher, ou tout au moins de nous taire. Hélas ! c'est celui que choisissent tant de gens pour parler, avertir, sermonner, corriger leurs enfants. Pendant des jours entiers ils leur parlent peu ou point, et quelquefois manquent de l'énergie nécessaire pour leur présenter une observation. Mais tout à coup, sous l'impulsion des nerfs, il leur faut une vaste explication, une liquidation générale. Pêle-mêle, alors, tout y passe. Ils déversent sur la tête de leurs enfants un flot de paroles. Ce n'est plus la douce rosée qui rafraîchit et fertilise ; c'est l'averse diluvienne. Sous une telle averse peut-on en vouloir au patient d'ouvrir son parapluie ? S'il ne faisait que cela, le mal serait réparable ; mais souvent il s'insurge, il riposte et alors naît, provoqué par notre propre intempérance de langage, ce quelque chose de lamentable qui s'appelle une discussion entre parents et enfants.

C'est au sein du calme, à tête reposée, que l'éducation demande à se faire. Elle a de grandes analogies avec la culture des champs. Ne semons pas quand souffle la tempête, quand passent les tourbillons de neige. Notre graine serait emportée. Je crains que notre éducation actuelle ne soit trop entachée d'irritation et d'inquiétude. Nous manquons de tranquillité d'âme et notre vie extérieure est dépourvue de cette paix qui permet aux fruits de mûrir. Il faut réagir contre la conspiration des influences énervantes, trépidantes; établir, à force d'énergie et de résolution, le calme dans son cœur et sa maison, en renouveler constamment la provision, et quand le courage ou la fermeté nous trahissent, chercher notre puissance plus haut. L'éducation la plus sûre, l'autorité la plus incontestée sont celles qui ont leur source dans les principes supérieurs qui dominent la vie, abritant aussi bien la tête des pères que celle des enfants. Le semeur a besoin de croire au Dieu du lendemain. L'éducateur aussi. C'est là qu'est la sécurité, le calme, l'immuable puissance. Appuyons-nous sur elle, pour ne pás offrir une trop fragile résistance à la jeunesse qui s'appuie sur nous.

*
* *

L'autorité représente dans l'éducation la loi profonde de la vie, les leçons de l'expérience, les droits de la tradition, la prééminence de l'ensemble familial et social sur le nouveau venu, qui vient y prendre sa place et doit s'y encadrer. Mais il y a un autre droit que celui du passé et celui de la société ou de la famille, c'est le droit de l'individu. Et nous voici amenés à jeter un regard du côté de ce monde aux richesses inconnues, aux vastes régions inexplorées qu'on appelle la vie intérieure de l'enfance et de la jeunesse. Il ne s'agit pas de guider et de gouverner, je dirais presque de faire manœuvrer nos enfants comme des numéros d'un régiment; il faut les comprendre, les connaître, les apprécier, les laisser respirer et vivre. Autrement notre autorité, au lieu d'abriter de sa présence, écrase et tue.

Que se passe-t-il dans ce monde de mystère, dans le cœur et l'esprit de nos enfants? À quoi pensent tout bas les petits hôtes de notre foyer et de notre table? Que germe-t-il dans ces têtes frêles que nous serrons entre nos mains et sur notre poitrine? Trop de parents ne le savent pas, ne s'en doutent pas. C'est un malheur.

Chaque individu a besoin d'être remarqué. Nous devons tenir compte de lui, le respecter dans ces stigmates propres qui font de chaque être humain une personnalité qu'aucune autre ne saurait remplacer. Où voulez-vous qu'on s'aperçoive de notre existence, de notre caractère, de notre physionomie distinctive si ce n'est en famille? Nous obliger à nous conformer au droit commun et à la discipline, rien de plus juste; mais pourquoi nous ignorer, nous négliger? Qu'on n'éteigne pas en nous ce qui fait notre raison d'être; car si nous sommes là et tels que nous sommes, s'il y a tant de diversité entre les types d'hommes; si dans la même famille et sur une souche identique, il pousse des rejetons si dissemblables, c'est apparemment que le maître de la vie l'a voulu ainsi et qu'on doit respecter son œuvre.

En famille on est très bien placé pour cette délicate mission. Les procédés de la famille n'ont rien de sommaire, d'officiel. La loi y est douce et flexible et parvient à s'adapter à chaque personne. Ce n'est pas seulement une loi d'autorité, mais une loi d'amour et de clairvoyante bonté. Pour discerner les mille particularités d'une nature d'enfant, il faut être père et mère, il faut avoir reçu, avec la sainte dignité paternelle, l'intuition, la divination dont le cœur des parents a seul le secret. En dehors de la famille, l'éducation se fait en gros, au foyer elle se fait en détail. On y traite et aime chacun à sa façon, et c'est bien la seule manière d'être juste et bon. Je marche ici, je ne me le cache pas, sur un terrain des plus délicats. J'ai peur de faire apparaître nos misères en décrivant ce qui devrait être, et ne l'est pas toujours. Puis-je oublier qu'il y a des enfants malheureux, maltraités moralement? Je ne parle pas des milieux dénaturés, je parle des meilleurs milieux, mais où l'éducation familiale a quelque chose de trop rude, où sous prétexte de justice et d'égalité on passe les jeunes têtes et les jeunes cœurs sous le niveau impitoyable; où l'on ne sait pas respecter la vie individuelle, où l'on dresse et façonne les enfants comme on dresse des chiens de chasse ou façonne des sabots. Dans ces milieux, il y a de terribles épreuves et quelquefois des tortures indicibles pour l'enfant exceptionnel, rudoyé, contrarié dans ses goûts légitimes et froissé jusque dans sa conscience. Ce n'est pas pour les mutins, les orgueilleux, les

mauvaises têtes que j'écris cela. Je ne tends pas la
perche à la rébellion. J'implore pour certains
caractères particuliers, et, je l'accorde, difficiles,
mais en qui sommeillent des qualités précieuses.
Le monde, qui n'a pas le temps de s'occuper de
chacun et de la forme de son profil, y passerait
son rouleau. Mais ce moyen péremptoire, excellent
pour réprimer les travers intolérables, dont l'extir-
pation est le traitement indiqué, risque de broyer
dans l'œuf des natures d'élite coupables seulement
d'originalité. Que la famille les distingue, ces petits
êtres particuliers, et leur pardonne de n'être pas
comme tout le monde. Ils ont, plus que d'autres,
besoin qu'on les aime, qu'on les couve, qu'on inter-
prète avec indulgence et bonté leurs singularités.
Prenons garde, ces allures ombrageuses, ces timi-
dités, ces gaucheries, ces manifestations parfois
déconcertantes, sont peut-être la chenille informe
d'où s'échappera quelque jour un papillon incom-
parable.

*
* *

Ce que nous contrarions le plus souvent et cho-
quons tous les jours dans l'enfant, c'est son sérieux.
Je ne serais pas étonné que cette remarque surprît
plus d'un lecteur. Car il y a, hélas! un mur épais
entre l'état d'âme de la plupart des adultes et celui
de l'enfant. Nous ne prenons pas l'enfant au
sérieux. Il est entendu que ce qui le concerne est
insignifiant. Cela se borne à quelques petits événe-

ments, miniatures des choses, qui se passent là-bas, bien loin de notre hauteur, où se déroulent les faits seuls conséquents. « C'est enfantin, c'est une bagatelle, ce n'est rien », dit-on tous les jours. Oh! gens de courte vue, de sentiment obtus, âmes ossifiées que nous sommes! Comme avec nos lourds souliers nous piétinons les fleurs gracieuses de ce jardin de Dieu qui s'appelle un cœur d'enfant! Nous nous trouvons sérieux, nos affaires sont les grandes affaires, celles de l'enfant ne sont que jeux et puérilités. Mais nous nous trompons. Personne n'est plus sérieux que l'enfant. Ni le négociant qui fait ses comptes, ni le juge qui prononce des arrêts, ni le sage méditatif, ni le croyant en prières, n'est plus sérieux que lui. On pourrait dire : sérieux comme un enfant. Regardez ces yeux ouverts, francs, attentifs, qui nous fixent, boivent nos paroles, et disent qu'ils croient, qu'ils ont confiance, et puis allez leur comparer la création matérielle et la création spirituelle. Vous ne trouverez rien de pareil à ces yeux. Ce n'est pas pour rien que le Christ, devant les scribes, les pharisiens, les disciples et les apôtres, devant tout ce que le monde des adultes offre de plus imposant, de plus solennel, comme aussi devant toutes ses vieilles hypocrisies et ses rouéries barbues, a prononcé un jour cette parole : « En vérité, je vous dis que si vous ne changez et ne devenez comme les petits enfants, vous n'entrerez point au royaume des cieux. »

Prenons l'enfant au sérieux. Ne nous jouons pas de lui, ne nous moquons pas de lui, ne rions pas de ce qui l'étonne, l'indigne, l'attendrit. Pensons à ce contraste : d'un côté le monde immense, prodigieux, et en tant de façons méchant, corrompu, stupéfiant; de l'autre côté, les yeux de l'enfant, vierges, innocents, purs. Pensons à ce contraste et ayons pitié. Cela nous fera passer un peu de notre orgueil de grandes personnes et nous guérira de notre frivolité. Écoutez cette histoire. Un ancien l'a contée, mais au fond de son cœur il avait gardé ses blessures d'enfant :

« J'avais commis une de ces fautes du jeune âge qu'on a si vite faites et dans lesquelles, pour graves qu'elles soient, on met souvent si peu de malice. On venait, devant la famille et quelques amis, de m'en adresser de fermes observations, comme il convient, et devant ma faute reconnue, amèrement regrettée, j'avais éclaté en sanglots. Puis on me fit sortir. Comme je fermais la porte, accablé encore par ce qui s'était passé, emportant dans le souvenir toutes ces figures graves arrêtées sur moi, j'entendis derrière moi un long éclat de rire. Alors je m'enfuis, je me cachai au coin le plus retiré de la maison, et je pleurai toutes les larmes de mon cœur, tant ce rire m'avait fait souffrir. Depuis ce jour je perdis la naïve confiance, qu'il fait bon garder longtemps. Je ne pouvais m'empêcher de répéter : les grandes personnes ne sont donc pas sérieuses? »

De combien d'enfants n'est-ce pas là l'histoire?

*
* *

Je viens de prononcer le mot de confiance. Si l'obéissance répond à l'autorité, c'est à la bonté que la confiance répond. Obtenir l'obéissance, éveiller la confiance : toute l'éducation est là. Que nos enfants nous honorent et nous craignent; mais que jamais ils n'aient peur de nous ouvrir leur cœur. Surtout ne leur donnons pas lieu de douter de nous! C'est un malheur de ne plus croire en Dieu : c'est un malheur presque aussi grand de ne plus pouvoir croire en son père et en sa mère.

Il y a sur la terre un refuge toujours sûr, où l'on trouve des bras toujours ouverts, des oreilles infatigables, prêtes à nous écouter. Nos joies comme nos peines y ont leur écho; jamais on ne s'y adresse en vain, jamais on n'en revient inconsolé. Ce refuge est le cœur paternel et maternel. Maintenons-lui sa réputation et ses qualités. Soyons pour nos enfants un asile accueillant, une haute et tranquille retraite. Il fait si bon d'avoir sur sa tête un abri, de savoir où aller pour pleurer ou raconter ce qui nous pèse. Pour préserver du mal nos fils et nos filles, ou du moins pour garder, au centre même de leur vie, un allié contre les influences dégradantes et les conseils mauvais, obtenons leur confiance quand ils sont petits, cultivons-la quand ils grandissent et gardons-la toujours. Il n'y a pas de talisman plus efficace que celui-là.

Il n'y a pas de meilleur moyen de vaincre les

difficultés particulières, que créent à l'éducation les âges divers par lesquels passent nos enfants. L'autorité forcément se modifie. Si elle veut élever l'enfant pour la liberté, il est nécessaire qu'elle devienne de moins en moins pesante, se fasse presque invisible et aille en s'effaçant. La confiance, au contraire, doit rester. Que de parents ne comprennent pas cela ! Excellents pour élever un nourrisson, ou guider des enfants très jeunes, ils continuent à les traiter de même à tous les âges. Ils leur enlèvent l'initiative, étouffent leurs aspirations en germe, et tout en se cramponnant à une autorité qui s'évanouit, laissent se perdre une confiance qu'ils pourraient maintenir. Non seulement il faut nous résigner à voir la volonté et l'énergie personnelle de nos enfants s'affirmer, mais il faut saluer avec joie tous les signes des caractères naissants et laisser, autant que la sagesse le comporte, franc jeu à l'esprit d'entreprise et d'indépendance. N'empêchons pas l'homme de se former dans l'enfant. A l'éducation de tendresse et de sollicitude quelquefois un peu inquiète, de vigilance trop restrictive de la liberté, à l'éducation du premier âge, plutôt féminine, laissons succéder l'éducation virile, celle qui, pour forger et tremper les forces des enfants, cultiver leur résistance et leur combativité, ne recule pas devant les fatigues, les épreuves, les difficultés, ni même les périls. C'est à ce prix qu'on fait des individualités de marque, dont une seule vaut plus que mille êtres de routine momifiés et moutonniers. Et pour les former, ces figures à l'empreinte originale, dont le manque se fait partout sentir, rien ne vaut la vie de famille, surtout celle qui est simple et laborieuse. Là est le milieu normal, l'atmosphère favorable. Une vraie et solide éducation familiale est comparable à ces coteaux heureux où poussent les crus de marque. Elle produit des hommes comme les coteaux produisent du bon vin, et elle leur donne son goût de terroir. Car un goût de terroir sied à l'homme de bien. A cela on reconnaît qu'il ne sort pas d'une officine banale, mais qu'il est un libre enfant du sillon généreux et du soleil de Dieu

Cher et modeste coin de terre, foyer ignoré où pour la première fois apparurent à l'horizon de notre âme les silhouettes des hommes et des choses, ceux qui te restent les plus fidèles, ceux qui s'honorent le plus de respecter en eux ton signe originel, sont les vaillants et les forts! Ils vont à travers la vie, combattant, éclairant, réchauffant, forgeant, bâtissant; mais ils savent bien que ce qu'ils ont de meilleur ils le doivent à leur humble mère, à leur brave père, et comme l'on garde un trésor, ils conservent, au fond du cœur, à la place la plus aimée, le sentiment filial, pur hommage aux vertus du sanctuaire domestique.

CHAPITRE VI

Frères et sœurs.

Mettez dans un sac des cailloux aux arêtes aiguës ; agitez-le, de manière à faire se frotter les cailloux les uns contre les autres. Au bout d'un certain temps les angles trop saillants s'émoussent, et les arêtes se trouvent adoucies. C'est ainsi que s'arrondissent les singularités du caractère humain, au contact d'autrui. La famille, par les relations entre frères et sœurs, nous en offre un exemple frappant. Si nous pressions l'image du sac et des cailloux, elle nous apprendrait encore qu'il faut un certain nombre de cailloux pour faire réussir l'expérience. Un seul risquerait d'user le sac. Le sens de ce transparent apologue est que, pour profiter de l'éducation mutuelle, il faut être plusieurs.

Cette éducation entre frères et sœurs est un précieux concours apporté à l'éducation paternelle, elle la complète le plus heureusement du monde.

Nous avons, nous, parents, ou trop de sévérité ou

trop d'indulgence. Si notre supériorité nous fait la main lourde et donne parfois à notre intervention quelque chose de massif, notre faiblesse nous trahit, notre sensibilité nous désarme. Les enfants entre eux ne se portent pas trop d'ombrage, n'étant pas trop dissemblables de force. D'autre part ils n'ont pas les uns pour les autres ces égards exagérés que nous inspire le sentiment paternel. Ils n'ont pas encore ce que nous appelons, d'un terme si expressif, *des entrailles*.

Tous ceux qui ont vu des enfants livrés à leurs ébats et se mouvant librement dans toute la pétulance de leur âge, ont pu remarquer l'énergie de leurs impulsions et la ténacité de leur vouloir. L'obstination enfantine, cette intransigeance qui va droit au but et ne veut souffrir ni obstacles ni restrictions, suscite tous les jours aux parents les plus grosses difficultés. Entre leur volonté calme, tempérée par le cœur et la raison, et l'impétuosité des volontés enfantines, la lutte est trop inégale. Nous avons trop de réflexion et de cœur, pour résister à ces jeunes tendances aveugles et sans ménagement. Entre elles, au contraire, elles trouvent à qui parler. On fatigue son père ou sa mère, on les fléchit par des caresses. Devant ses pareils ce genre de moyens ne réussit pas. Rien d'entêté et d'absolu comme un enfant, si ce n'est un autre enfant. Laissez-les se débrouiller et n'intervenez que dans les cas indispensables, pour empêcher les violences : ils s'en tireront. Les enfants pratiquent entre eux une justice rigoureuse, qui nous étonne et nous peine quelquefois; nous les voudrions plus indulgents, moins stricts pour la mesure exacte du mien et du tien, plus disposés à céder, plus enclins au pardon. Leurs démêlés nous chagrinent et nous préoccupent. Quand ces êtres, également aimés par nous, se divisent ou se combattent entre eux, il nous semble qu'une partie de nous-mêmes s'est élevée contre l'autre et ce déchirement intérieur est si douloureux! Mais, pourtant, il ne faudrait pas, pour l'amour du silence et de la paix domestique, confisquer les enfants et les empêcher de manifester, en toute indépendance, ce qu'ils ont dans le cœur. Ces petits hommes ont besoin de s'habituer à la vie en commun, de se faire à cette idée qui entre si difficilement dans nos cervelles égoïstes, que les autres existent aussi bien que nous, ont les mêmes droits que nous.

Quand un caillou en choque un autre, il en jaillit du feu. Quand la volonté humaine, vierge et sans frein, rencontre cette borne qui est la volonté des autres, elle s'échauffe et l'étincelle jaillit. Il est indispensable que ces phénomènes se produisent. Les empêcher c'est enrayer la vie. Laissez vos enfants faire entre eux l'apprentissage de la solidarité humaine, l'expérience des lois sociales. Il est salutaire de se rompre, comme enfant, entre frères et sœurs, aux exercices pénibles de l'assouplissement des caractères. Pour corriger un angle, rien ne vaut un autre angle; pour corriger un égoïste, rien ne vaut un autre égoïste. Lorsque ces jeunes apprentis en sociabilité se seront traités un certain nombre de fois selon la loi du talion, qui convient à merveille à leur qualité de primitifs et de sauvageons ; lorsqu'ils auront scrupuleusement exigé œil pour œil, dent pour dent, leur conscience s'ouvrira à une justice plus haute. Ils comprendront qu'à vouloir vivre de droit strict et de justice implacable, les hommes s'extermineraient les uns les autres. Bonne leçon pour les petits frères et qui leur profitera, quand ils seront plus grands. Une leçon pareille vaut bien la perte de quelques cheveux, ou quelques batailles fraternelles.

*
* *

La meilleure preuve que ce petit monde d'enfants forme et perfectionne ses habitants, consiste dans l'ascendant que quelques-uns parviennent à s'y conquérir et qui repose uniquement sur le libre suffrage des compagnons. Il y a des réputations entre frères et sœurs. Une fois que l'un de ces petits hommes a gagné la confiance des autres, il en jouit sans partage, dans une sécurité plus entière que n'importe quelle sommité dans la société adulte. S'il est équitable, on lui soumet les différends : on plaide devant lui sa cause et le verdict est respecté. S'il est bon, persuasif, en renom de sagesse, on lui obéit. Ses avis sont paroles d'évangile. Je considère cet ascendant de certains frères ou sœurs, comme une des choses les plus désirables ; mais il est rare qu'il s'acquière d'emblée. C'est le fruit de longs efforts. Il ne mûrit qu'à l'air de la liberté, au plein vent des francs conflits. Si l'ascendant doit quelque chose à l'âge, ce n'est pas sur lui qu'il repose. Un aîné qui ne se prévaut que du nombre des années se voit en général contesté. Il est tenu de justifier son droit d'aînesse par des qualités morales.

*
* *

L'ascendant n'est qu'un des rapports spirituels qui s'établissent entre frères et sœurs, à la suite du libre jeu de leur activité. Un autre lien est l'affection. C'est une erreur de penser qu'elle doive exister par le seul fait de l'origine commune. Certes c'est quelque chose, c'est beaucoup, que ce lien du sang, mais il demande à être spiritualisé, transformé en lien des âmes. On a beau être frères et sœurs par droit de naissance, il faut renaître par l'esprit à la vraie vie fraternelle, apprendre à s'aimer comme l'on apprend à se supporter. Alors seulement le lien primordial acquiert la plénitude de son influence et devient le ciment indissoluble. Lorsque ce travail intérieur ne se fait pas, les frères peuvent rester aussi indifférents les uns pour les autres que des étrangers. Il peut même se développer entre eux des antipathies si vives, qu'elles dégénèrent en haine et en aversion. Le premier meurtre dont parle la Bible est un fratricide. Chacun sait que les animosités entre frères ont un caractère d'acuité étonnant. « Un frère offensé résiste plus qu'une ville forte », dit le sage Sirach. A aucune époque les frères ennemis n'ont été une rareté dans le monde. Trop d'illustres exemples en témoignent, trop de cruelles expériences le confirment.

Quels sont les parents qui n'ont redouté parfois de voir les rivalités de l'enfance se perpétuer et durer pour la vie? L'affection fraternelle n'est pas un sentiment inévitable qui s'attache aux liens de parenté comme une conséquence obligée. Cette affection a des difficultés à vaincre, des illusions à combattre. Je la compare à une plante précieuse et délicate. Des herbes amères, images de certaines rancunes, qui enfoncent au cœur leurs racines vénéneuses, menacent de l'étouffer. Elle demande à être protégée, surveillée. Les parents peuvent beaucoup pour et contre elle. Il y a une certaine façon d'élever les enfants, qui éveille toutes les jalousies, toutes les basses passions capables de faire de l'homme l'ennemi de l'homme, et du frère le rival du frère. Par des comparaisons déplacées, des préférences impardonnables, des excitations à la concurrence, nous semons la division entre ces jeunes âmes. Pour qu'ils puissent entre eux s'aimer, vaincre leurs mauvais instincts, calmer leurs colères, apaiser leurs ressentiments, commençons par les aimer avec une justice impartiale; soyons tout à tous, réchauffons-les constamment de notre bonté afin de raviver la leur, d'augmenter leur température affective, d'amener plus sûrement la fusion. Alors les disputes inévitables se transforment toujours en préliminaires de paix. Sur le terrain même des rencontres, les champions se dédommagent de leurs rudesses réciproques, en des réconciliations pleines de charme et d'abandon.

***

Par un effet naturel d'un des nobles instincts de notre nature, l'affection fraternelle se nourrit du besoin que nous avons les uns des autres. Nos enfants s'aiment en raison des services qu'ils se sont rendus. J'estime que la présence de diverses personnes, qui dispensent les enfants de se rendre les uns aux autres ces services, la présence de domestiques trop nombreux et chargés de trop de soins, est un grave inconvénient. Que nos enfants aient besoin les uns des autres, le sentent et se portent aide entre eux ! Ne permettons pas à des considérations mondaines, à de superficielles exigences d'étiquette, de contrarier la fraternité dans ses commencements.

Lorsque nous rencontrons dans la rue, sur les places publiques, ou à travers les campagnes, des groupes d'enfants livrés à eux-mêmes, des frères en bas âge gardés par des sœurs aînées, encore tout enfants, la pitié nous prend. Nous songeons aux dangers qu'ils courent. Nous plaignons des enfants trop jeunes, d'être chargés de soins au-dessus de leurs forces, de plier sous le fardeau d'un nourrisson endormi sur leurs bras, de se trouver aux prises avec des complications et des difficultés, qui exigeraient la maturité de l'expérience.

Et, certes, nous avons raison, dans une certaine mesure. Dieu seul peut savoir ce qu'il se passe de drames émouvants dans ce monde des petits déshérités, réduits à eux-mêmes, où ceux qui auraient besoin d'être encore protégés et gardés, gardent et protègent déjà les autres. Mais, pour qui sait y voir de près, il y a autre chose que de la misère dans ce monde lésé. Il y a une étroite et puissante solidarité, issue du besoin qu'on a les uns des autres. L'on rencontre chez certains enfants élevés dans le dénuement, mais dans le continuel partage de toutes choses, une cohésion fraternelle bien touchante. J'en ai connu de ces pauvres petits, qui se seraient privés de tout, exposés à tout, pour leurs frères plus jeunes. Ils les défendaient avec un courage héroïque, avaient pour eux une patience que souvent les parents n'ont pas. Il m'est arrivé même de voir des enfants, qui avaient subi la contagion des mauvais exemples, ces grands meurtriers d'âme de l'enfance, mais qui pour rien au monde n'auraient dit à leurs cadets une parole malsonnante. Victimes eux-mêmes d'une souillure précoce, ils espéraient en préserver les chers petits. Malheur à qui, sous leurs yeux, eût essayé de leur donner du scandale!.

De faits pareils, un enseignement supérieur se

dégage. Ne le perdons pas. Que nos enfants soient placés dans des conditions telles, qu'ils aient besoin les uns des autres et se sentent appelés à se soutenir mutuellement.

Une bonne entrée en matière est de revêtir dès le commencement de la vie les vêtements de ses aînés. Ceux qui entrent dans les habits les uns des autres, endossent en quelque sorte la livrée fraternelle. Cette pratique a une telle valeur de symbole, que j'engagerai chacun à l'adopter. Bien des parents donnent ces petits habits aux pauvres et achètent du neuf à chaque enfant nouveau. A leur place je ferais l'inverse. Je donnerais du neuf aux pauvres et garderais ces objets d'habillement par piété familiale. Il n'y aurait que profit pour tout le monde. Quand un petit frère se trouve paré de l'héritage d'un prédécesseur, celui-ci, en le regardant, se dit : « Voilà comment j'étais à cet âge, ce Bébé c'est presque moi; c'est moi il y a quelques années. » Dans ces conditions, on a un motif de plus de s'intéresser à Bébé.

Quant à lui, le dernier venu, pourquoi le soin de l'entourer, de lui être utile, serait-il exclusivement réservé à une domestique ou à la mère? Qu'il soit permis à ses sœurs, ou à ses frères, de faire quelque chose pour lui, d'en avoir à certains moments la garde, la responsabilité. Rien ne forme autant l'enfant, rien ne l'incline à la bonté, comme de se sentir gardien du sommeil d'un cher petit, ou de lui raccommoder une culotte.

De tels services entretiennent la fraternité. Qu'ils augmentent et prennent d'autres formes quand grandissent les enfants ! Il ne faudrait pas trop prendre l'habitude de dire à chaque moment : « Ne fais pas le nœud de cravate à ton frère ; ne fais pas les commissions de ta sœur. Appelle un domestique, c'est son affaire. » La fraternité passe avant l'étiquette. — L'homme n'est pas un pur esprit. Pour nous exercer à la communion fraternelle et nous la prouver, les paroles, les sentiments invisibles, à eux seuls, ne suffisent pas. Laissez-nous mettre en formes concrètes et palpables ce que nous avons dans le cœur. Ne nous privez pas de ce plaisir, ne vous opposez pas à ce besoin.

Tout cela n'est pas tant matériel et banal que l'on croit. Au contraire : c'est le charme et la grâce de l'existence, que de mettre une âme dans les occupations les plus ordinaires.

J'aime à voir aussi les frères et les sœurs pratiquer l'instruction mutuelle. Quoi de plus sec qu'une leçon et de plus sourcilleux qu'un pédagogue ? Mais quand la grammaire ou le traité d'arithmétique sont aux mains d'une gentille petite sœur, l'élève est à la fête et l'étude est un plaisir.

Où trouverez-vous un tableau plus gracieux que celui-ci ? Dans le grand fauteuil de famille deux sœurs sont étendues. Le sommeil les a surprises en pleine leçon. L'aînée tient la cadette enlacée et, de leurs petites mains, le syllabaire a glissé sur le parquet.

*
* *

Il faut que tout concoure à resserrer plus étroitement la fraternité, même notre ignorance, même
nos souffrances et nos misères. A moins de graves
inconvénients, j'estime qu'il est mauvais d'éloigner
les enfants malades du reste de la famille. Il y a des
cas de force majeure; mais ne les acceptons que
comme un mal nécessaire. — « Tu es malade, il y
a quelque chose à risquer en ta compagnie, donc je
te quitte » : c'est un raisonnement auquel il ne faut
pas s'accoutumer. La loi de la vie, c'est d'accourir
quand il y a du risque et non pas de chercher le
salut dans la fuite. Il y a des dangers salutaires et
des précautions malsaines. A les prendre souvent,
on devient pusillanime. Je ne pense pas qu'il
soit plus désirable de contracter la maladie de la
peur qu'une autre maladie : car de toutes les épidémies, la plus terrible c'est la peur et de toutes les
contagions la plus funeste est celle de la lâcheté.
Que nos souffrances nous rapprochent au lieu de
nous séparer. Aidons-nous et risquons-nous les uns
pour les autres. Les heures sombres et difficiles
deviendront des heures de bénédiction. On n'est
jamais plus sensible aux attentions que lorsqu'on
est malade. Jamais non plus on n'a un besoin plus
pressant de tendresse, de bonté, de dévouement et
ces choses ne s'oublient pas! Les jours de souffrance
deviennent dans le souvenir des jours lumineux.
On oublie les nuits fiévreuses et les heures d'ennui,

8.

pour ne plus se rappeler que les figures douces et aimantes, et les pas discrets glissant par la chambre.

*
* *

Je veux tresser ici une couronne aux petites sœurs consolatrices, à celles qui savent partager nos peines, par de douces paroles, mettre du baume sur les blessures et, dans un baiser, faire oublier tous les chagrins.

Ces petites sœurs-là n'aiment pas qu'on pleure, elles essuient les larmes. Elles n'aiment pas qu'on se dispute : elles réconcilient les combattants. Quand on tombe, elles vous ramassent; quand on se salit, elles vous nettoient; quand on se déchire, elles vous raccommodent; quand on se blésse, elles vous pansent. Elles sont indulgentes aussi, les mignonnes petites sœurs, et ont des trésors de bonté, même pour ceux que la sévérité paternelle a justement frappés. Elles visitent les prisonniers du coin noir et ne craignent pas de se compromettre, en allant embrasser de petits brigands de frères, condamnés pour leurs méfaits à des exils momentanés.

C'était au beau temps, si lointain, où j'avais encore mon père, mort jeune; la famille était au grand complet. J'avais surtout une petite sœur, une compagne inséparable. Toujours, nous marchions ensemble, la main dans la main. Lorsque nos sentiers rustiques aboutissaient à une de ces planches étroites qui sont les ponts des minuscules rivières, nous nous tenions mieux serrés, de peur que l'un ou l'autre ne tombât dans l'eau. Et souvent, grâce à cette précaution, nous y tombions tous les deux ensemble. Un jour que j'étais sorti de la maison tout seul, je commis un acte grave. Présente, ma petite sœur l'eut certainement empêché. Un feu, que j'allumai trop près des maisons, gagna la haie d'un jardin, lui-même contigu à une grange. L'émotion fut extrême et la punition exemplaire.

Le soir de ce jour néfaste, j'étais dans mon lit, la conscience bourrelée de remords, l'estomac tiraillé par la faim. On m'avait envoyé dormir sans dîner et j'aurais eu tort de me plaindre. Quand ma petite sœur vint se coucher, elle s'approcha de mon lit, comme tous les soirs, essaya de me consoler, puis, m'embrassant, elle me glissa dans la main, sans mot dire, une pomme de terre toute chaude.

Il y a des années maintenant qu'elle est morte, la bonne petite sœur, mais je n'ai pas oublié cela. Dussé-je vivre aussi longtemps qu'un patriarche, jusqu'à mon dernier soupir, jusque dans la vie éternelle, je me souviendrai de cette pomme de terre.

*
* *

Mais, quittons ce milieu enfantin, où se font, entre frères et sœurs, les premières armes de l'existence. Voici l'adolescence avec ses horizons agrandis. Si le jeune âge a bien rempli ses fonctions, s'il a été vraiment l'école de solidarité familiale, des rapports toujours plus étroits et plus conscients se sont établis entre enfants de la même maison. Les combattants d'autrefois ont signé la paix et sont devenus des alliés. Ils ont un passé commun, des traditions. Tous leurs souvenirs s'entrelacent et convergent autour du même centre. Chacun, au contact des autres, a développé sa personnalité, vu se dessiner sa physionomie. On se connaît réciproquement, on s'apprécie, on a appris à s'entr'aider et à se supporter. Le foyer, peuplé de figures familières, qu'une longue pratique nous a rendues indispensables, est si bien devenu notre cadre naturel, que nous ne sommes vraiment nous-mêmes que là. C'est là que nous avons notre franc-parler et notre droit de cité incontesté.

C'est là que notre nom a sa vraie signification, un son doux à nos oreilles et qu'il fait si bon entendre. Si notre individualité respectée, encouragée dans ses lignes originales et aimée pour cela même, a pu s'affirmer, nous avons appris du même coup à faire pour les autres ce qu'ils ont fait pour nous. L'affectueuse lumière du foyer luit pour tous, et sa bonne chaleur réchauffe tout le monde. Elle couve et fortifie nos caractères, mais elle les humanise, les apprivoise, les rapproche en même temps. La vie de famille nourrit à la fois la personnalité dans ce qu'elle a de plus marqué, et l'esprit de corps dans ce qu'il a de plus énergique. Chacun se sait libre, distinct, se meut avec une aisance parfaite, et chacun se sent bien agrégé, membre d'un corps.

En famille on apprend à se rendre compte de ce que c'est qu'une vie d'ensemble, une responsabilité collective, des peines partagées et des bonheurs communs. L'existence circonscrite et isolée de chaque homme s'y élargit au contact d'une existence plus complète et plus riche. L'âme collective se révèle et l'on entrevoit ces hauteurs et ces profondeurs de la *communion des esprits*, dont l'égoïste ne se doute pas et que le solitaire ne pressent qu'à travers la douleur et les misères de l'isolement.

Je ne pense pas que la vie puisse offrir un spectacle plus intéressant que celui d'une belle famille, lorsque les fils et les filles ont pieusement conservé le sentiment de leur cohésion. A mesure que chacun des enfants avance en culture et en vigueur, le cercle, d'abord si restreint, de l'enfance s'étend, l'horizon recule. Chacun, de son travail, de ses études, de son contact avec le milieu social, rapporte constamment des trésors nouveaux. Ensemble on s'instruit, on se renseigne. La table de famille devient un rendez-vous, où l'on est heureux de rapporter les impressions du dehors, l'écho du vaste monde.

Et dans ce monde, on ne s'y aventure qu'environné pour ainsi dire du souvenir des siens. Le nom dont on nous appelle, ce nom de famille commun à tous les enfants, leur rappelle constamment d'où ils sortent et à quoi ils se rattachent. Ils emportent avec eux le dépôt d'un bien qu'il ne leur est pas permis de perdre. Noblesse oblige. De toutes les noblesses celle qui oblige le plus est celle du nom que nous portons. Chaque enfant doit avoir ce sentiment bien net, et y conformer sa conduite. En compromettant ou en souillant notre nom, en le mêlant aux mauvaises compagnies, en l'engageant dans des affaires suspectes, souvenons-nous que ce n'est pas notre bien que nous détruisons, c'est celui des autres, de nos frères, de nos sœurs, des parents dont nous tenons la vie.

*
* *

Quelque chose est plus rare que l'esprit de corps entre frères, c'est l'amitié. Elle est souvent plus vive entre étrangers, que des goûts analogues ont rapprochés, qu'entre frères. Cependant, quand on en arrive à aimer quelqu'un d'une amitié sûre et profonde, on dit : je l'aime comme un frère. Les expressions du langage ne sont jamais de vaines formules. A leur origine, quelque chose les justifie. Ce sont des documents et des monuments. S'aimer comme des frères ou comme des sœurs, n'est pas une locution superficielle. Au fond, quelque rare qu'elle soit, l'amitié fraternelle est bien la plus pure et la plus forte des amitiés.

Sa forme la plus gracieuse nous apparaît dans l'affection entre le frère et la sœur. Ce genre de lien où le libre choix vient s'ajouter à la communauté d'origine, n'a pas seulement un grand charme, mais encore une puissante influence éducatrice. Auprès d'un frère qui est son ami, une sœur trouve un appui, un protecteur, un guide. Sa vie de jeune fille s'enrichit d'une multitude d'éléments, qu'elle n'aurait pas rencontrés sans lui. Elle y gagne en indépendance, en joie du cœur. Elle apprend à comprendre un cœur de jeune homme et d'homme, et tout cela très simplement, sans aucun inconvénient, par la plus naturelle et la plus recommandable des communions.

Un jeune homme qui a pour amie sa sœur, trouve en elle une confidente, une société infiniment douce pour les heures de loisir, un juge sûr et apprécié de son goût et de ses manières, une conscience pure et incorruptible, un regard et des caresses dont il ne faut pas démériter et qui nous aident à marcher droit et à conserver ce respect de la femme sans lequel un homme est privé d'une qualité essentielle. Ce qu'une sœur peut faire pour un frère, quand elle est aimante et clairvoyante, tient de l'incroyable.

Que la famille favorise leur rapprochement, et se méfie de tout genre d'éducation qui aurait pour effet de l'entraver. Priver nos fils de la société ordinaire et familière de nos filles, les parquer à part dans des genres d'éducation qui les empêchent de se comprendre, serait un tort grave. L'unité de la famille en subirait une atteinte profonde. L'avenir, plus encore que le présent, témoignerait par ses résultats, de notre manque de sagesse.

CHAPITRE VII

Têtes blondes et têtes blanches.

Les vieux murs croulants et les jeunes églantiers semblent faits les uns pour les autres, tant il y a de grâce dans leur groupement. Ce qu'est aux remparts moussus l'œillet étincelant ou le rosier sauvage, plein de susurrements d'abeilles, la toute jeune enfance l'est à la vieillesse. La vie de famille nous offre là un contraste si touchant et d'une richesse si intarissable, qu'il vaut bien la peine de s'y arrêter. Entre têtes blondes et têtes blanches, on se recherche naturellement. On se recherche à cause des points communs et l'on se plaît ensemble à cause des différences. Pour se comprendre et se compléter, n'est-ce pas là un terrain parfait?

Malgré la distance des âges, il y a entre les anciens et les tout petits, plus d'une ressemblance. Les derniers venus ont souvent des têtes d'ancêtres. Ils rappellent les traits des grands-parents. Chauves parfois comme des vieux, ils nous apparaissent avec des airs sérieux et respectables, qui font penser aux fronts les plus dignes.

La vie fait un sort analogue à l'aïeul et à l'enfant. Tous deux sont en dehors du grand courant, les uns pour en être sortis, les autres pour n'y être point entrés. Pendant que l'adolescent court à ses plaisirs ou à ses travaux, que l'âge mûr est en pleine lutte, les vieillards sont à l'écart avec leurs souvenirs, et les enfants avec leurs jeux. Quoi d'étonnant qu'ils se rencontrent ! C'est tout indiqué et c'était prévu. L'été, par les jours de grande presse, lorsque le foin sèche ou que la moisson appelle tous les bras valides, les champs fourmillent de travailleurs ; mais les villages sont vides. Il n'y reste que les vieux et les petits enfants. Au pas des portes, sur des bancs de bois, se tiennent de vieilles femmes à la tête branlante. Des grands-pères, le menton appuyé sur leur bâton regardent autour d'eux, s'agiter des groupes d'enfants. C'est tout un monde en miniature qu'on peut observer là, et qui donne le sentiment d'un grand calme et d'un repos bienfaisant. Il m'a souvent rappelé des impressions produites par la nature et qui vont nous servir à l'illustrer.

Quand on se promène le long des grands fleuves, par les prairies, on rencontre des anses tranquilles, où quelque chose de très doux invite à s'arrêter. Là-bas, au large, coulent les flots pressés, passent les nacelles et les vaisseaux, se précipite le courant infatigable. C'est le changement perpétuel. Ici, près du bord, c'est le calme. De grands peupliers où

grimpent les lianes, les clématites et les chèvre-
feuilles, plongent leurs racines en des eaux immo-
biles. Sur le fond transparent, s'aperçoivent distinctement les cailloux, les herbes fluviales; une légion
de poissons font miroiter leurs écailles dans un
rayon de soleil. A la surface, flottent les larges
feuilles de nénuphar, refuges des libellules nacrées
et des reinettes aux yeux d'or. Et tout près de là,
dans les tiges frêles où elle suspend son nid, on
entend chanter la fauvette des roseaux.

Le fleuve de la vie a, lui aussi, ses baies abritées
et tranquilles... C'est là que les âges extrêmes fraternisent.

* *
*

Dans cette rencontre il y a du bien pour tous les
deux. Voyons d'abord ce qu'y profite la vieillesse. Et,
dès le début, écartons une arrière-pensée, qui peut-
être se mêlerait à ces réflexions et ne pourrait que les
troubler. La vieillesse a ses détracteurs. On l'accuse
d'égoïsme. On dit que les meilleurs des hommes
meurent jeunes, parce qu'ils sont trop sensibles,
trop vulnérables, par conséquent; que pour devenir
vieux il faut être dur, non seulement de constitution
physique, mais aussi de cœur. Pour un peu, la lon-
gévité équivaudrait à un diplôme de sécheresse d'âme.

Il faut faire prompte et bonne justice de pareilles
exagérations. Sans doute les émotions usent, le
don de soi-même, le partage des misères d'autrui,
la recherche des labeurs pénibles et des périlleux

devoirs, peuvent abréger nos jours. Tel dort au cimetière, qui pourrait être là encore, et cultiver en paix sa couronne de cheveux blancs, s'il avait suivi les préceptes d'une hygiène bourgeoise, évité les devoirs malsains, et les postes où l'on attrape des maladies ou des balles en signe de récompense. Se garder des pitiés trop vives, des enthousiasmes, des généreuses imprudences, voilà un régime à qui plusieurs doivent de s'être admirablement conservés. « Loin du feu, dit un proverbe malicieux, se forment les vieux soldats. » Est-ce à dire, pour cela, que tous les bons soldats meurent jeunes, et que ce terme, si expressif et si honorable, de « vieux brave » soit un non-sens? Non. Méfions-nous des jugements en bloc. La vérité est que la plupart des hommes meurent jeunes, dans toutes les carrières, même dans celle d'égoïste, et quelques-uns, l'exception, vivent vieux, dans toutes les carrières aussi, même celle du dévouement.

Alors nous réplique-t-on : Pourquoi y a-t-il tant de vieilles gens égoïstes, insensibles à tout ce qui ne les touche plus, hostiles à ceux qui commencent la vie, montrant au printemps prêt à éclore, la figure maussade de l'hiver expirant? La réponse est bien simple. Pourquoi il y a beaucoup de vieux égoïstes? C'est parce qu'il y en a beaucoup de jeunes. Messieurs les égoïstes ont la majorité dans le monde, une majorité écrasante, dès le début de l'existence. Et cette majorité, ils la conservent. Il me paraît difficile de ne pas trouver cette raison bonne. Inutile, dès lors, d'en chercher d'autres. Elles existent, je le sais, et je ne le nierai pas. Je vous assure seulement que celle-ci est la meilleure, et, à elle seule, a plus de poids que toutes les autres réunies. Mais, de cette foule des égoïstes chargés d'années, enragés de vieillir quand d'autres sont jeunes, de ces têtes blanches décourageantes, nous n'en parlerons pas. Ayant le choix, parlons des autres, de ceux qui volontiers se penchent vers les petits, et dont la figure s'éclaire quand ils rencontrent un enfant.

Ceux-là, s'ils font du bien aux petits, s'en font tout d'abord à eux-mêmes et voici pourquoi :

L'âge est une rude école. Personne, qui ne les a reçues, n'a une idée de la dureté des leçons qu'il donne. On parle des tentations de la jeunesse, et ce n'est pas moi qui vous dirai d'en faire peu de cas. Mais si la jeunesse a ses difficultés spéciales, qui lui viennent de la fougue des sentiments, de l'inexpérience, de la difficulté de trouver son chemin, la vieillesse a des tentations d'un autre genre. La jeunesse peut être induite à croire que la vie est une belle fête, dans laquelle il n'y a qu'à se lancer, à moins qu'elle n'y voie un combat dont la palme attend le plus vaillant ou le meilleur. La vieillesse, elle, peut être lentement amenée à croire que la vie n'est qu'une vanité, que tout est vide, caduc, usé, inutile. Car enfin le plus heureux d'entre nous, arrivé à un certain âge, est un vaincu. Les jours, en passant, lui ont, peu à peu, retiré la vigueur et l'entrain. La nature ne le soutient plus. Il a perdu une foule de choses qu'on n'apprécie que lorsqu'on en est privé : comme cette bonne chaleur du sang qui fait aimer la vie, l'acuité des cinq sens, la souplesse des membres. Même s'il est riche, il est pauvre à plus d'un égard, et ceux qui savent le prix de la vigueur, de la joie et de la santé, ne lui donneraient pas leur jeunesse pour toute sa fortune. De plus il est solitaire. Nous partons nombreux, au matin des jours. Le soir, nous sommes décimés comme les troupes qui reviennent des grandes guerres. Aucune longue vie n'est exempte de déchirements et de séparations. On a vu tant partir de gens qu'il se mêle une ombre à nos pensées. On a fait de trop fâcheuses expériences sur le compte de l'humanité. Une certaine amertume vous gagne. Vous risquez, sur le chemin isolé et crépusculaire, de devenir la proie de la mélancolie, de ployer sous le faix et de croire que la vie est mauvaise, qu'on n'y est venu que pour y perdre ses illusions, se casser les ailes, apprendre à aimer ce qu'on ne peut posséder, s'attacher à ce qu'on ne doit pas garder. Je n'insiste pas, car je craindrais d'en trop dire. La vieillesse a des tentations terribles, et puisque l'homme s'habitue à dire : « Tout est bien qui finit bien », nous pourrions bien arriver à conclure que vivre n'est pas bon, puisque trop souvent cela finit mal.

Si quelqu'un a besoin d'être soutenu, encouragé, porté, c'est l'homme arrivé à la vieillesse. Nul plus que lui ne doit se tenir constamment près de la source de vie. Or, un des plus forts arguments d'espérance et des plus gracieux, qui ne consiste, ni en raisonnements, ni en sagesse humaine, mais en un fait tangible, en une lumineuse démonstration fournie par Dieu lui-même, c'est l'enfant. Quand nos forces diminuées nous ont fait mettre à la retraite, que nos yeux ont perdu leur éclat, allons vers nos petits enfants. Ce sont des messagers de Dieu pour ceux qui défaillent. En les regardant, on sent que rien n'est perdu, et frappé par ce qui renaît toujours, on devient un peu moins sensible à ce qui s'en va. Comme je plains ceux qui, au soir de la vie, n'ont pas d'enfants autour d'eux et plus encore ceux qui n'ont, ni le temps, ni l'âme de s'occuper de ce qui se passe parmi les petits. Ils perdent un pur trésor de vie, et ils succombent sous le fardeau d'une sagesse qui les étouffe.

Vous avez entendu parler, dans certaines histoires, d'esprits bienfaisants qui passent à travers les portes closes, les murs des prisons. Les distances ne les retiennent pas, les abîmes ne les effraient pas. A travers les lois de la vieille et terrible fatalité, ils ont leur chemin invisible, que n'entrave aucun obstacle. Ne rions pas de ces histoires. Tout cela est vrai, d'une vérité d'âme qu'on est bien malheureux de ne pas connaître. Et, de ces histoires-là, le monde enfantin est tout rempli. Par son âme, l'enfant transforme le monde. Il nous fait voir des choses que lui-même ne discerne pas et que certes nous n'aurions jamais soupçonnées. O la bonne et consolante fée, que l'enfance rieuse et joueuse, répandue à travers les outils sérieux et même les tristesses de la vie. Comme l'hiver, en secouant sa neige sur tout, métamorphose les plantes, les rochers, les maisons, en formes merveilleuses ; comme la lumière des beaux soirs change la terre en un écrin éblouissant et met une frange d'or aux plus sombres rochers, aux ailes noires des corbeaux, l'enfance anime tout ce qu'elle touche, d'une grâce qui vient de plus haut que les blancs flocons et de plus loin que les rayons du soleil. Par l'enfant, Dieu met de l'aube dans nos brumes et fait grimper des fleurs aux barreaux de nos cachots. Les casques de guerriers et les gueules de lion, sculptés aux frontons des palais, n'ont pas été faits pour servir de nids aux hirondelles. Les hirondelles y nichent quand même. Tel triste et désolant cadre de la vie n'a pas été fait pour entourer la tête de l'enfant. Mais lorsqu'il y passe, en mêlant ses propos pleins d'innocente confiance, à notre parole raisonnable et navrée, cela ne veut-il pas dire que, malgré tout, il y a encore des jours meilleurs et qu'il reste de l'espérance plus loin que ne portent nos yeux ?

J'ai conté ailleurs l'histoire de cette béquille de grand'mère dont le petit-fils s'était fait un cheval passionnément aimé, ce qui réconcilia la grand'mère avec sa béquille [1]. Voici une histoire analogue :

Grand-père était très triste. Un méchant journal

1. *Le long du chemin*, C. Wagner.

avait dit beaucoup de mal de son œuvre politique, l'avait traîné dans la boue, ridiculisé. Il y avait eu à boire là, pour le vieux travailleur, une de ces coupes d'ingratitude qui font tant de mal, surtout quand on n'a jamais voulu que le bien. Son fils rentre, affairé ; il venait, au Palais, d'être mêlé à une affaire capable de faire tourner la bile au plus optimiste. « As-tu le journal ? — Non. — Il faut le lire, c'est honteux ! Attaquer un vieillard, salir son nom, dénigrer son œuvre. Non, c'est criminel, il faut que tu lises cela, mon fils, que tu saches ce que des misérables disent de ton père et que tu me défendes. — Je te défendrai, papa, ne crains rien. Mais où donc est-il ce journal ? passe-le-moi, que je le lise. » Grand-père le cherche en vain ; il a beau parcourir son cabinet, interroger chacun, personne n'avait vu la méchante feuille. — Qu'était devenu ce maudit journal ? Je vous le donne en mille.... Tout à coup on voit entrer dans la chambre, le Benjamin de la maison, triomphant, armé d'un sabre de bois, et coiffé d'un casque en papier où brillait en lettres majuscules le nom du journal. Il s'en était fait un tricorne ! A cette vue grand-père est désarmé, il embrasse l'enfant illettré et dit à son fils : « Nous cherchions une réponse, la voilà, c'est la meilleure, ne te met, plus en peine, je suis déjà tout consolé. »

A chaque instant nous devons à l'enfant les surprises les plus vives, les émotions les plus inattendues. Si les hommes vivaient par promotions, en rapport seulement avec leurs compagnons d'âge, et vieillissant tous ensemble, l'existence deviendrait insupportable. Ils en seraient réduits à échanger le spectacle de leurs infirmités et les échos de leurs pensées moroses. Jamais un renouveau, jamais un souffle frais et pur! On en voit quelque chose dans les maisons de vieillards. Rien ne manque à leurs habitants. La Prévoyance, la Charité ont pourvu à tous leurs besoins matériels. Pourquoi donc y règne-t-il presque toujours une invincible tristesse? C'est parce qu'ils sont trop entre semblables et, quoiqu'ils aient peut-être quelque part des descendants, ils subissent la même loi que les milieux où achèvent de mourir des collections de vieux célibataires. La vie providentielle, la vie normale veut que les âges s'entremêlent et s'harmonisent.

*
* *

Toutefois ce n'est là qu'un côté de la médaille. Il reste à mettre en relief un autre côté, celui où l'on voit ce que l'enfance peut profiter auprès de la vieillesse.

Quelques-uns sans doute pensent qu'elle ne peut profiter en aucune façon. Le contact matériel de la vieillesse, l'atmosphère qu'elle respire est nuisible aux enfants. Leur contact spirituel les amollit. Il faut retirer aux grands-parents toute influence éducatrice sur les petits-enfants. Ils les gâteraient. Voilà un grave sujet sur lequel il faut dire notre opinion. L'éducation des enfants appartient évidemment aux parents et non aux grands-parents. Supprimer une génération et faire éduquer les petits-fils par les grands-parents ne serait pas dans l'ordre naturel. Cela n'est acceptable que lorsque, par un malheur trop fréquent, les parents meurent jeunes ou que d'impérieuses circonstances les empêchent de surveiller et de diriger leur famille. En toute autre occurrence, ce sont les parents qui doivent élever leurs enfants, combiner leurs études et prendre la responsabilité de leur direction. Mais est-ce à dire, qu'en y mettant toute la déférence possible pour les idées des parents, les grands-parents ne puissent pas apporter à l'œuvre éducatrice un concours précieux? En un travail si grave, si compliqué, est-il sage de refuser des collaborateurs bénévoles, que l'expérience et la tendresse ont doublement qualifiés pour cette fonction? Pour moi, je considère comme une grande privation de n'avoir pas connu ses grands-parents, d'en avoir été séparé par des difficultés de famille, ou de s'en trouver éloigné par cette fièvre de déplacement qui sévit dans la société contemporaine. Les pauvres grands-parents, dans cette agitation universelle, restent au pays, s'enferment avec leurs souvenirs et finissent de vivre, n'ayant que rarement le plaisir d'embrasser les chers petits, élevés là-bas dans quelque appartement de ville. Et les petits enfants n'ont pas la grande douceur de connaître ces chers anciens, auxquels on dit grand-père et grand'mère.

Il faut remercier Dieu d'en avoir et de les

posséder près de soi. Ils ne représentent pas le commandement. Celui-là est aux parents. Les grands-parents représentent une sorte de justice supérieure, un droit de merci et de refuge. Leur règne est moins de cette terre; ils confinent un peu à ce royaume de bonté, où la douceur et le sourire guident les cœurs, où un signe agit autant qu'une parole et plus qu'un acte sévère. Ce sont là des moyens que le pouvoir direct et exécutif des parents ne peut employer qu'avec une extrême discrétion, mais qui sont fort bien placés aux mains vénérables des grands-parents. Naturellement il ne faut pas qu'ils en abusent, car l'abus a toujours détruit l'usage. Il est malheureux que l'action éducatrice des parents soit comme énervée par l'intervention constante, intempestive, larmoyante de grands-parents, qui ont oublié que l'éducation ne se fait pas toute seule, et par les moyens doux exclusivement. Mais il est heureux, humain, que de temps à autre, une voix amie intercède pour les jeunes coupables. Si c'est un aïeul qui demande leur grâce, rien ne les touche autant au cœur. Des sanglots témoignent de leur repentir, en même temps que de leur reconnaissance. Et n'est-il pas vrai qu'en intervenant en faveur de l'enfance, on tend souvent la perche, par la même occasion, à un père inflexible par devoir et par sagesse, mais qui ne demande pas mieux que d'exercer, sous le couvert d'un autre, le droit royal de clémence? Il se souvient d'ailleurs, en l'exerçant, qu'il en a eu besoin jadis pour lui-même, plus d'une fois. A juger des autres d'après soi (et je ne vois pas trop quel moyen de juger nous resterait, si nous n'avions pas celui-là), je garde la plus haute opinion de l'influence des grands-parents. Il ne me plaît pas d'entendre trop crier à la gâterie, quand ces bons vieux essaient de rendre la vie agréable aux petits, peut-être avec l'arrière-pensée si légitime de leur laisser d'eux un bon souvenir. On ne songe pas assez à tout ce qu'éprouve un cœur d'homme, sur le tard, quand la terre lui échappe et qu'il y laisse des êtres aimés parmi lesquels il voudrait garder sa place.

Je n'avais que cinq ans et un appétit héroïque. Les tartines que me coupait ma mère étaient de dimensions judicieuses. Plus mesurées encore celles, que m'offraient mes tantes, avec accompagnement de maximes comme celle-ci : « Il faut savoir se modérer. » Rien à dire, c'est absolument parfait, pour l'ordinaire. Mais lorsque, par extraordinaire, grand'mère prenait la bonne grosse miche de famille, elle m'en détachait un morceau magistral. On se récriait alors : « C'est trop ! c'est trop ! — Vous verrez qu'il n'en restera rien, disait-elle avec un sourire, laissez- moi le plaisir de voir cet enfant manger à sa faim. » Je ne comprenais pas alors toute la portée de ces paroles et mesurais seulement la bonté de grand'mère à la taille de ses tartines. Mais aujourd'hui ce souvenir d'enfant bon vivant s'est transformé. Il a déménagé de l'estomac, pour prendre place dans le cœur et je suis devenu sensible à ce qui se passe au cœur des vieilles gens. Grâce à l'impression qui persiste, je revois grand'mère avec son joli bonnet lorrain et je me dis : « Si tu as voulu que je pense à toi longtemps, très longtemps, tu ne t'es pas trompée! L'homme te bénit pour ce que tu as fait pour l'enfant et si jamais il devient grand-père à son tour, il suivra ton exemple. »

*
* *

Les enfants sont avides d'histoires, les vieilles gens en ont leur sac plein. Raconter ce qui a été, ce qui n'est plus c'est leur faible. On leur rend service en les écoutant. Allons vers eux à l'âge où l'oreille est insatiable, où l'on dit toujours : Encore! encore! même lorsque les yeux sont pesants de sommeil. Aucun décor de théâtre, aucune savante ficelle, ne vaut le fauteuil où s'assied grand-père. Les plus grands des enfants sont rangés tout autour, les plus petits sur les genoux du conteur. Ils ont leurs yeux fixés sur les siens et la permission de jouer avec la pomme de sa canne, ou de lui caresser la barbe. Où peut-on être mieux? Quand l'histoire se corse, quand elle vous fait peur, on se blottit contre la poitrine de l'aïeul. Là, rien à risquer, on peut supporter en paix le récit des plus invraisemblables tragédies. Nous en ont-ils conté des histoires, sans nombre, sans fin, les chers vieux! nous en ont-elles chanté des berceuses et dit des légendes merveilleuses les mères-grand! Plus jamais, par la suite, l'homme ne retrouve cet intérêt à rien. Qu'est-ce que les romans

qu'on lit plus tard, tout cousus de fil blanc et gâtés
de littérature? qu'est-ce que les pièces les plus
fameuses, vues à l'âge où l'on sait qu'il y a des cou-
lisses, en comparaison des choses qu'on a écoutées
tout enfant, avec cette fraîcheur d'impressions, pour
qui tout est neuf, et cette naïveté croyante, pour qui
tout est vrai.

*
* *

Les grands-parents quelquefois sont infirmes : ils
ont besoin qu'on les serve. Les servir est un grand
bien pour l'enfant, espiègle et turbulent de nature.
Prêter ses jeunes yeux à grand-père pour voir
l'heure de loin, lire un livre, pour mieux discerner
le chemin. Enfiler une aiguille à grand'mère, qui
malgré ses lunettes n'y arrive pas. Courir, pour
éviter une fatigue à leurs vieilles jambes; faire un
peu moins de bruit dans la maison afin de respecter leur sommeil. Tout cela est du pain bénit, aux
jeunes apprentis de la vie. C'est leur rendre service
que de leur faire voir et croire qu'on a besoin d'eux.
« Grand-père, comment tu aurais fait pour monter
les marches, si je ne t'avais pas donné la main? — Je
n'en sais trop rien, mon petit chéri, c'est bien heureux que tu sois là pour me soutenir. » Après une
telle réponse un enfant se croit un petit homme,
heureux et fier d'être utile à quelque chose. Laissons
ces petits nous servir, être bons pour nous. Per-
mettons-leur de nous gâter. Recevons leurs cadeaux
et faisons-en grand cas. Que jamais ils ne voient

traîner, oublié ou méprisé, un objet qu'ils ont confectionné à notre intention! Acceptons d'être le héros d'une fête où l'on nous répète que nous datons de fort loin, ce dont on se passerait volontiers, et qu'on nous aime beaucoup, ce qu'il fait toujours bon constater. Respectons, enfin, et maintenons l'alliance que le maître de nos jours a établie, l'alliance entre les têtes blondes et les têtes blanches. Grâce à elle, la vie gagnera en chaleur, en couleur, en unité surtout, et il nous sera donné d'y voir plus clair sur le chemin obscur, en sentant que c'est le même regard qui luit, dans l'étoile du matin et dans l'astre du soir.

CHAPITRE VIII

Ce que font ceux qui ne font plus rien.

La pire épreuve pour un homme est de se croire
inutile. Il y a des profondeurs d'amertume inson-
dables à être obligé de se dire : « Je ne suis plus
bon à rien, je suis à charge aux autres. » Ce sont
là, hélas, propos ordinaires de vieilles gens ! Par
bonté de cœur, nous essayons de les réfuter ; mais
nous ne sommes pas toujours bien convaincus de ce
que nous disons.

Quelques-uns même sont tout disposés à classer
les vieux dans la catégorie des déchets et des
bouches inutiles. L'époque d'ardente concurrence
et de lutte acharnée où nous vivons est particulièrement dure à la vieillesse. Pour les jouisseurs, une
figure de vieillard est un trouble-fête, un épouvan-
tail qu'il vaut mieux cacher. Dans le monde du
travail, la vieillesse est considérée comme un vice
rédhibitoire. A partir d'un certain âge il devient
difficile de trouver du travail. Les ouvriers en che-

veux gris vont répétant avec tristesse : « On ne veut plus de nous. » Pour indiquer qu'un écrivain, un orateur ou un artiste perd ses qualités, on dit simplement : *il vieillit.*

Nous sommes là en face d'un point de vue faux. Il est mauvais de considérer la vieillesse comme une déchéance, une étape vers le néant. Non seulement il y a de l'ingratitude et de l'injustice à la ranger parmi les non-valeurs, mais il y a une erreur de fait. L'âge, même cet âge extrême, où toute intervention active dans les choses de ce monde nous est interdite, peut avoir encore son rôle et un rôle d'une rare élévation. J'essaierai d'en marquer quelques traits. Je voudrais mettre un peu de lumière au cœur de ceux que le sentiment de leur inutilité écrase, et ouvrir les yeux aux jeunes, sur des réalités qu'ils n'aperçoivent pas assez.

*
 * *

La vie ne consiste pas seulement dans le déploiement de la force, dans l'exercice vigoureux de fonctions actives; dans la conquête du pain ou de l'argent; dans les batailles d'intérêts et d'idées; dans l'épanouissement du talent, de l'intelligence, de la beauté, ou dans des jouissances de tout genre, dont sont capables les personnes jeunes et valides. Elle consiste en certains biens, moins visibles, mais d'une nature plus noble, comme la sagesse, l'abnégation, l'équité, et qui sont le fruit de longues expériences,

10.

d'une grande pratique des hommes et des choses. Si nous trouvons, chez les jeunes, la fougue, l'exubérance, la passion, nous y trouvons aussi trop souvent l'excès, la partialité, le manque d'équilibre. Chez les hommes en pleine vie, dont l'âge mûr a modéré les ardeurs éclairé le jugement, nous trouvons encore trop de préventions, fruits de leurs préoccupations ordinaires. Directement aux prises avec les nécessités, les difficultés, les forces hostiles, ils gardent de leurs luttes des arrière-pensées et des agitations. Il ne leur est pas possible de voir les choses d'assez loin et d'assez haut pour les apprécier calmement. Ne sont-ils pas à la fois juge et partie? Pour trouver la mansuétude, la hauteur d'âme que ne troublent plus les cris passionnés et les conflits, il faut aller chez les vieillards. C'est « auprès des anciens qu'est la sagesse et le bon sens ».

Ce n'est pas à dire qu'il suffise de gagner de l'âge pour gagner de la sagesse. Quand la folie, l'intempérance, la fureur sectaire, l'âpreté au gain, l'obstination aveugle, se mettent parmi les vieillards, elles sont plus haïssables que partout ailleurs. « Mieux vaut, dit l'Ecclésiaste, un pauvre enfant qui est sage, qu'un vieux roi fou. » Il semble que tous les défauts humains s'aggravent en vieillissant. Ce qui dans la jeunesse est laid, dans la vieillesse est hideux; ce qui était simplement méchant devient satanique. Je ne pense pas qu'il soit possible de trouver dans la création entière d'objet plus horrible que ces vieillards fermés à tout sentiment généreux, morts pour la justice et la pitié; venimeux, vindicatifs, esclaves de basses jouissances ou de sentiments vils, jour et nuit occupés à satisfaire leurs appétits ou à servir leurs rancunes. Le comble de l'abjection est là.

Mais ce n'est pas sur ces tristes recoins de l'humanité qu'il nous faut arrêter les yeux. Je pense à ceux qui portent avec honneur leurs cheveux blancs, et auxquels le sentiment unanime des peuples et des temps a toujours apporté son tribu de vénération. Dans le vocabulaire des nations un ancien est synonyme d'un sage. Par un instinct de conservation très sûr et très heureux, les sociétés ont toujours recherché les anciens pour leur direction. Elles ont compris que le conseil vaut plus que la force et que si quelque chose devait dominer les rumeurs humaines, les chocs des volontés, le fracas même des armes, c'est la calme et sereine apparition du juste arbitre, personnifiée par une belle figure de vieillard, pleine de sens et de dignité.

*
* *

« Auprès des anciens est la sagesse. » Il fait bon se rappeler cela en famille, afin de profiter de cette puissance pacificatrice, modératrice qui est en eux. J'aime à voir les jeunes ardeurs aux prises avec la vieille sagesse. Les jeunes sont dans leur rôle quand ils se montrent enthousiastes, entreprenants, rapides à trancher sur tout. Un peu d'outrecuidance leur sied bien, et j'aurais autant de méfiance d'une jeunesse trop silencieuse que d'une eau dormante : « Il n'y a pire eau que l'eau qui dort. » Nous avons besoin de forces primesautières, prêtes à se cabrer comme les jeunes poulains, impatientes du frein, disposées à se risquer, que les aventures n'effraient pas et que les dangers attirent. Il y a longtemps que le monde serait mort de prudence et de calcul, si chaque génération nouvelle ne nous amenait pas son contingent de belle témérité et de chevaleresque imprudence.

Lors donc que dans le cercle de famille se renouvelle la vieille querelle des anciens et des nouveaux ; que les jeunes volontés en fermentation montent à l'assaut des institutions et des pratiques d'autrefois, comme la marée monte à l'assaut des rocs, il ne faut pas trembler pour l'avenir. Il doit en être ainsi. A condition, toutefois, que toute cette vigueur juvénile trouve un contrepoids. Car, livrée à elle seule, elle ne ferait que de la besogne brouillonne. C'est un élément de vie et de progrès que l'ardeur des jeunes, à condition qu'elle soit contenue, guidée, tempérée, par la sagesse des anciens. « *Ne te crois pas plus sage que les vieillards* », dit Sirach. Or deux choses sont naturellement unies chez les jeunes gens, quoiqu'elles paraissent impliquer une contradiction, c'est la chaleur du sentiment, l'entrain, l'emportement même, et le respect des cheveux blancs. Un vrai jeune, vivace, gai, hardi et qui n'a peur de rien, qui se lancerait à corps perdu dans n'importe quelle mêlée et ne reculerait devant aucune puissance de la terre, un vrai jeune, noble et indomptable comme il doit l'être, ne manquera jamais de respect à un vieillard. Et cela pour cette simple raison que la fougue généreuse a une horreur instinctive de la lâcheté. Le sentiment de vénération que la vieillesse inspire à l'adolescence bien née peut se comparer aux égards qu'éprouve pour la femme tout homme qui mérite ce nom. Le courage et la fermeté viriles ne vont jamais sans un très vif instinct du respect dû à la femme. On pourrait, sans se tromper, mettre en doute la valeur d'un soldat insensible à la dignité, à l'honneur féminins ; d'un soldat à qui les armes seules et la force en imposeraient, et pour qui la grâce désarmée, le droit sans défense, ne seraient pas des puissances, d'autant plus redoutables qu'elles sont sans protection.

Le même jugement s'applique à la jeunesse qui n'a pas le sentiment de la déférence due aux vieux. Ce n'est pas en face de son grand-père qu'il convient de pousser jusqu'à ses limites extrêmes l'indépendance d'esprit. Ce n'est pas sur les gens âgés qu'il faut s'exercer à la lutte à outrance ; de tels combats seraient sans gloire. Il s'y mêlerait une note dure, grossière. Celui qui aurait le triste courage de les soutenir, se donnerait à lui-même le plus défavorable des témoignages. Jeunesse irrespectueuse n'est pas seulement synonyme de jeunesse vulgaire, mal élevée, mais de jeunesse affadie, dépravée, poltronne. Il suffit d'observer les familles et les sociétés pour s'en convaincre. Dans les milieux efféminés et dissolus, aux époques où les peuples se corrompent et perdent leur vitalité, les vieux baissent dans l'estime publique. La famille et la société leur font un sort effacé, les poussent dans les coins, les rudoient et méprisent leurs avis. La jeunesse leur passe sur le corps. « Peuple brutal et impudent qui n'a pas souci de la personne des anciens. » (*Baruch.*) Partout au contraire où fleurit la force morale, la culture du caractère, la juste fierté d'être un homme ; partout où l'énergie est en honneur et les mœurs saines, nous voyons la jeunesse forte, mâle, exubérante, mais, en face des vieux, apprivoisée et filiale. Entre eux, ces jeunes se traitent d'égal à égal, s'affirment sans égards pour personne, se combattent avec rigueur, se parlent haut et sans fard. Ils sont quelque peu niveleurs et toute prétention de leurs pareils les irrite ; mais en face des anciens, leur attitude change. Ils ont, à leur usage, modifié le dicton : On ne touche pas à la reine ; ils disent : Ne touchez pas aux anciens.

Il y a dans cette disposition à épargner les anciens, à les vénérer, à écouter leurs avis, quelque chose de providentiel. C'est le meilleur correctif applicable à l'impétuosité de la jeunesse. La sagesse des vieux sert de frein à l'ardeur des derniers venus. Nous sommes en présence de deux forces de nature très différente et qui se complètent. En apprenant à les harmoniser en famille, on se rend d'abord service à soi-même. Car tous, nous avons besoin, à l'âge des vastes rêves, des ardeurs réformatrices, de frotter notre inexpérience à la tranquille et mûre science des vétérans de l'école de la vie. Mais on rend service, en même temps, à son pays. Une vie publique normale n'est guère possible que là où la turbulence et l'effervescence des forces neuves et hardies consent à accepter comme régulateur le sens rassis des têtes âgées, où la claire vue des choses l'emporte sur la violence des sentiments et la versatilité des émotions. C'est une erreur de penser que l'influence de la vieille sagesse sur les jeunes ardeurs soit stérilisante et n'aboutisse qu'à énerver et neutraliser les élans généreux. Sans doute il y a des anciens qui ne respectent pas la jeunesse et lui dénient d'emblée son bon droit; devant qui c'est une sorte d'imposture que d'être jeune; grands chasseurs et tueurs de rêves juvéniles, étrangleurs aux mains amaigries qui jugulent les jeunes espérances. Mais de même qu'un vrai jeune a le respect inné des anciens, un ancien comme il en faut ne voudrait jamais violenter une jeune conscience, ni la réduire en esclavage. S'il fait ses réserves, s'il résiste, c'est pour empêcher une bonne énergie de se perdre. Il sait que toute force expansive, pour agir, a besoin d'un contrepoids. Pour que l'eau arrive à sa pression, pour que la vapeur acquière son maximum d'élasticité, il faut les canaliser. C'est l'obstacle que vous leur opposez qui développe leur puissance et utilise leur action.

Dans ce monde, les efforts les plus vigoureux demeurent vains, quand il manque la méthode, la direction stable, la circonspection. Cela paraît gênant et vexatoire. Lorsque l'esprit souhaite une chose avec ardeur, entrevoit une œuvre à faire, il voudrait du premier coup réaliser son vœu. Les délais l'impatientent. Dans la première ardeur de ses vingt ans, l'homme ne doute de rien. Il s'imagine volontiers qu'il suffit de partir avec entrain pour atteindre le but. Mais ceux qui ont vécu savent que courir n'est pas tout. Il faut savoir où l'on va, avec quels moyens on se met en route et quelles sont les chances de succès. Sans doute, à réfléchir trop longtemps, à prendre trop de précautions, on risque de ne partir jamais. A elle seule la vieillesse serait trop craintive. Mais la jeunesse serait trop téméraire. Il y a là une lutte féconde et nécessaire, ou plutôt une collaboration entre deux forces qui ne sauraient se passer l'une de l'autre. Il faut s'y habituer. Vous entendez tous les jours des exclamations comme celle-ci : Ah! ces jeunes, s'ils étaient les maîtres! — Ah! ces vieux, si on les laissait faire! Ce sont des cris du cœur où éclate la vérité. Seuls, chacun de ces camps serait funeste. Qu'ils apprennent à se supporter. Vieillards, ne vous étonnez pas que les jeunes courent si vite. Jeunes gens, ne vous irritez pas que les anciens vous suivent si lentement. Ni les uns ni les autres, vous ne le faites exprès. Vous exécutez la loi des choses qui est plus haute que vous.

Si les anciens n'avaient d'autre fonction dans la famille et la société que d'y représenter la prudence, la continuité historique, la nécessité d'une cohésion entre ce qui a été, ce qui est et ce qui sera, ils seraient déjà indispensables. Gardiens des souvenirs, représentants du passé vénérable, ils le personnifient parmi nous et nous le rappellent, quand nous sommes tentés de l'oublier. Ils répètent des maximes simples et dont souvent l'insistance nous impatiente. Mais il est bon d'entendre répéter les axiomes qui résument les conditions de l'existence et du travail humain, les lois de toute activité. Chez les anciens Scythes, il y avait une coutume bizarre et fort sage pourtant. Quand il s'agissait de prendre dans leurs assemblées quelque décision grave, ils délibéraient d'abord après boire, sous l'influence, du vin qui délie les langues et rend les timides hardis. Mais ils se gardaient bien d'exécuter aussitôt ces résolutions imprégnées des vapeurs de l'ivresse. Une seconde fois ils délibéraient sur le même sujet après s'être préalablement soumis à un jeûne rigoureux. N'étaient valables que les délibérations sorties intactes de cette double épreuve.

Ces Scythes, quoique barbares, pourraient nous donner des leçons. Quand la jeunesse ardente coule dans nos veines comme un vin généreux, nous faisons volontiers des plans : rien n'est impossible, rien n'est trop loin ni trop haut. Mais de même qu'il n'y a qu'un pas du sublime au ridicule, il n'y a qu'un bond de l'enthousiasme à la folie. Pour nous empêcher de faire des folies, complétons nos délibérations capiteuses, par les sobres méditations des hommes âgés; que nos griseries soient tempérées par leur calme.

*
* *

Par cela même que la vieillesse a le don de tempérer et de modérer, il lui appartient souvent de concilier les contraires, de ramener les uns vers les autres des esprits divisés. Il est bien difficile d'éviter les chocs. Tous les jours, il surgit mille difficultés entre les membres d'une famille. A laisser les antagonistes se mesurer et poursuivre leurs querelles, on en viendrait bientôt à l'affaiblissement du lien familial. Il est très heureux que quelqu'un d'impartial représente ce lien. Une personne âgée, un cœur juste et apaisé, peut beaucoup pour la paix domestique. En sa présence, les flots irrités se calment, les adversaires se rapprochent, les mains se touchent. Les anciens sont donc pacificateurs; leur âme, le coin tranquille qu'ils habitent dans nos demeures, sont des asiles de paix où il fait bon se réfugier contre le tumulte de la vie extérieure et quelquefois contre les agitations de la vie intérieure.

Laissez-moi me découvrir avec respect, au seuil de la chambre de grand-père ou de grand'mère. Le bruit ici s'apaise, les orages se calment. C'est comme un sanctuaire, où les rancunes, les mauvaises pensées ne peuvent pénétrer. Une atmosphère de bienveillance nous y accueille et nous invite aux confidences. On sent que le silence s'est fait ici.

Nous pouvons dire notre peine ou notre joie, avouer tout ce qui se passe en nous. Les anciens sont les meilleurs confidents. La voix des passions qui s'est tue en eux ne les empêche pas d'entendre notre voix. Ils ne désirent plus rien pour eux-mêmes et peuvent s'intéresser aux autres. Si vous avez la conscience tourmentée par une faute, qu'un besoin de vérité vous pousse à révéler, allez chez un ancien. Moins rigides que l'âge mûr, moins indulgents que la jeunesse, ils ont la juste mesure de tendresse et de sévérité qu'il faut pour pardonner les manquements, relever ceux qui sont tombés et les remettre dans la bonne voie. N'est-ce pas vers eux aussi que l'on va pour trouver avec qui partager certains doux secrets, prêts à vous échapper? Les jeunes amours ne sont nulle part mieux à l'aise que sous les vieux abris. Quand on ne sait pas à qui conter ce qui vous remplit le cœur, on le dit tout bas à grand'mère. Comment se fait-il qu'elle s'en doutait depuis longtemps, alors que personne ne s'était aperçu de rien?

*
* *

S'il est bon d'avoir les anciens pour confidents, comme on est heureux, aux heures sombres, de les avoir pour consolateurs! La poitrine déchirée par les luttes spirituelles, ou le cœur meurtri par de douloureuses épreuves, venir s'asseoir près d'un cher ancien qui a beaucoup souffert; quel bienfait!

Il a vu de près les choses dont nous sommes effrayés, il a passé par où nous redoutons de passer, et il a vaincu par la patience et la confiance. Une vertu consolatrice infiniment douce et puissante réside dans la vieillesse vénérable, sacrée au feu de la souffrance et purifiée par les grandes peines. Elle s'est peu à peu élevée à la vie supérieure où les désirs, les convoitises, les ambitions inférieures et même la soif d'être heureux se sont évanouis. On n'y trouve plus que la pure bonté, l'oubli de soi-même, la sérénité dans le sacrifice. Pour un homme sensible à la beauté de l'âme et aux réalités morales, la seule présence d'une personne en qui apparaît cette noble vieillesse, a le don de ranimer tous les courages et de raffermir le cœur, au sein des plus cruelles épreuves. Ceux qui ont la paix donnent la paix; ceux qui ont la résignation, non seulement enseignent, mais communiquent la résignation. Je demeure frappé d'admiration devant les splendeurs morales qui se cachent modestement dans certaines vies de vieillard, et dont Dieu seul est capable de mesurer la richesse. De telles vieillesses sont la fleur suprême de l'humanité.

Certes, j'aime la jeunesse et je sais l'apprécier. Je sens bien qu'à réunir en une seule gerbe toutes les fleurs de la terre, jamais on n'égalerait la grâce qui sourit sur les fronts de vingt ans. Jamais, en ramassant les plus doux rayons des étoiles, les teintes les plus charmantes du ciel bleu, de la mer profonde, de la forêt mystérieuse, on ne ferait rien de pareil à ce qui luit, ô jeunesse, dans vos beaux yeux, lorsque l'espérance les anime ou que l'amour les éclaire.

Et pourtant quelque chose est plus précieux, plus touchant et d'un éclat plus rare que votre fraîcheur, c'est la vieillesse, sortie du creuset des douleurs humaines, éprouvée comme l'or pur, et dont le poète dit :

> Si l'on voit de la flamme aux yeux des jeunes gens,
> Dans les yeux des vieillards, on voit de la lumière.

Voilà donc bien des fonctions remplies par ceux qui ne font plus rien. Mais, admettons qu'ils soient devenus incapables de nous faire profiter de leur sagesse, de nous rendre un service quelconque : n'est-ce donc rien qu'ils soient là ? Je le demande à tous ceux qui vivent par le cœur. Lorsque les fardeaux de l'âge pèsent à nos vieux parents, que la grande lassitude de la vie les gagne et qu'ils nous parlent de nous quitter, parce que, à les entendre, ils n'ont plus de raison d'être ici, qu'ils me permettent de leur dire respectueusement : ils parlent comme des enfants, ils ne savent ni ce qu'ils disent, ni quelle peine ils nous font.

S'ils savaient comme nous leur savons gré d'être là ; comme nous sommes heureux de les revoir en rentrant au logis, toujours assis à la même place, dans ce vénérable fauteuil si bien mommé : *Sorgenstuhl,* chaise des soucis. Plus on avance en âge soi-même, plus on éprouve de bonheur à pouvoir dire encore à quelqu'un : papa, maman. Ils ont beau être défaits, changés de physionomie, brisés par la vie, pourvu qu'ils soient là. Il nous semble que tant qu'ils demeurent près de nous, un abri reste sur nos têtes. A vues humaines, ils sont presque devenus nos enfants, puisque nous les portons, les soutenons, et les soignons comme ils nous soignaient autrefois. Mais ils n'en sont pas moins un refuge pour nos cœurs, le plus cher et le plus sacré de tous les refuges. C'est pour cela que, lorsqu'ils ferment les yeux, on s'aperçoit quel vide laissent derrière elles ces existences finissantes, qui ne tenaient presque plus de place. On s'était habitué à les voir toujours. Elles faisaient partie de notre horizon comme les lignes bleues des forêts, comme les sommets des montagnes. Le jour où elles disparaissent, on a cette impression qu'il a été touché à l'immuable. Quelque chose d'essentiel s'en est allé.

J'ai connu un homme, un des plus actifs et des plus énergiques de ce temps, chargé de la direction d'un grand service public. Il avait entre ses mains de graves intérêts, et tous les jours se trouvait sur la brèche non seulement pour le travail, mais pour la défense et le combat. S'il a connu les encouragements que donnent la sympathie et l'approbation, il a connu aussi, et plus que d'autres, l'amertume des attaques, la pointe acérée de l'esprit de haine et de fanatisme. Cet homme, d'origine modeste, avait encore sa mère, très vieille, et vivant retirée dans

une chambre de la maison. Tous les matins, avant
de partir pour son administration, il allait l'embrasser. En hiver, il lui faisait le feu lui-même :
jamais il n'eût voulu laisser ce soin à un domestique
Il y trouvait une satisfaction que rien n'eût pu
remplacer. Et c'était pour lui une grande douceur,
au début d'une journée de soucis, de graves débats
ou d'importantes décisions, que d'emporter au front
le baiser de sa mère, et de s'entendre dire : « Dieu
te garde, mon enfant! »

Il me semble qu'en racontant cette histoire je
raconte celle de beaucoup d'hommes. En vérité je
ne pense pas que personne puisse se flatter en pleine
vie, dans la plus ardente activité, de faire quelque
chose de meilleur que ces chers vieux. Et ils s'imaginent qu'ils ne font plus rien!

CHAPITRE IX

Nos serviteurs.

L'humanité normale est organisée sur un pied de services mutuels. Chacun y gagne sa place au soleil, par un service rendu. Ceux qui ne servent à rien ni à personne sont des parasites. La santé du corps social exige qu'il s'en nettoie comme d'une vermine. De fait, le parasite absolu est rare. Il ne se rencontre que sous la forme d'exemplaires isolés, dont l'existence devient de plus en plus intenable. Dans les temps laborieux où nous vivons l'idéal, celui du moins qu'on peut avouer et proclamer, n'est pas de vivre aux dépens d'autrui, mais bien d'être un serviteur utile de ses semblables.

Cela n'empêche pas qu'il y ait une catégorie spéciale d'hommes intitulés gens de service, ou domestiques. Et c'est d'eux que je désire m'occuper un moment. L'immense majorité des foyers est sans domestiques. On s'y sert soi-même. Mais la plupart de ceux qui lisent des livres ont au moins une bonne. Écrire un livre sur le foyer sans parler de ce sujet serait donc oublier un rouage indispensable de la maison. Non pas que la question soit facile, ni agréable, mais elle s'impose à l'attention. C'est un bout familier de la grande question sociale. Prise par les petits côtés, elle est surtout agaçante. On préférerait l'éluder et s'illusionner, dire par exemple : « il n'y a pas de question de domestiques. » Mais ce serait puéril. Parlons-en donc et parlons-en sérieusement, puisqu'aussi bien partout où deux ou trois mères de famille sont réunies, elles finissent, presque toujours, par tomber dans ce chapitre et, une fois qu'elles y sont, n'en sortent plus.

« Ah! ces bonnes, tel est le refrain, quel souci perpétuel, quelle plaie! Si seulement on pouvait s'en passer. Mais, hélas, c'est un mal nécessaire! »

Je déclare tout de suite que je ne me placerai pas à ce point de vue-là. Parler des absents pour s'en plaindre ou en dire du mal, je préfère l'éviter. Non pas qu'il n'y ait rien à dire de vrai dans ce sens, ni de justes récriminations à formuler ; mais c'est dit tous les jours, par une multitude de personnes. Pourquoi le répéter? Je veux parler aux bourgeois et aux bourgeoises, riches ou modestes, et leur faire, au sujet de leurs domestiques, quelques réflexions que je crois salutaires.

Pour commencer je dirai : Prenons garde que l'étranger qui nous sert ne devienne pas dans la maison un *corps étranger*. Le corps étranger est l'ennemi de l'organisme. Il y devient la cause d'une excitation douloureuse, d'une inflammation accompagnée de fièvre, et finalement il est expulsé, non sans avoir occasionné des désordres plus ou moins graves.

Pour qu'un serviteur ne devienne pas un corps étranger, il faut d'abord ne l'engager que sur des renseignements suffisants. Il faut ensuite, qu'une fois entré dans la maison, il en soit pour de bon ; qu'on fasse tout le nécessaire pour qu'il se sente à peu près chez lui.

Vous allez répétant : « Au temps de jadis, les domestiques étaient plus dévoués qu'aujourd'hui. De nos jours ils ne font plus comme alors partie de la famille, ce sont des mercenaires et quelquefois nos pires ennemis. »

Pardon ! aucun homme n'a intérêt à être sans rime ni raison l'ennemi d'un autre homme. Il y a là un problème irritant, qu'il convient d'étudier avec calme et dans un esprit de justice. Mettre en opposition le passé et le présent et regretter le bon vieux temps ne suffit pas. On n'arrête pas la marche du temps. Les difficultés actuelles réclament de nous une solution. Qu'y a-t-il à faire ? Simplement ceci : se préoccuper de l'homme dans le serviteur. Vous voulez un bon cocher, une bonne cuisinière. C'est légitime. Mais sachez qu'on n'est pas tout court une cuisinière ou un cocher. On est un être humain. Intéressez-vous à cet être. Plus il est jeune, séparé des siens, et plus il a besoin d'un peu d'attention. Ne se mettre en rapport avec lui que pour affaire de service, c'est risquer d'être mal servi. Sans indiscré-

tion, sincèrement, informez-vous de son histoire,
de sa famille, de ses préoccupations. Vous marchez
tous les jours sous un fardeau de peines, ou avec de
secrètes pensées que vous emportez partout, à votre
travail et même dans vos plaisirs. Vos gens sont
comme vous. Ils n'ont pas dépouillé l'humanité en
endossant la livrée. Jamais le cocher ne monte seul
sur son siège. Le compagnon invisible qui suit chacun de nous s'y installe avec lui, comme son ombre.
Pourquoi, vous qui êtes des hommes, oubliez-vous
que vos serviteurs ne sont pas des machines à balayer,
à faire la cuisine ou à bêcher le jardin? Rappelez-le-
vous donc! Dans la plupart des cas, ce sera pour leur
bien et le vôtre. Seuls, quelques individus pervertis,
et dont il n'y a rien à tirer, demeureront insensibles
à ce témoignage d'intérêt vrai et de simple solidarité. Les autres en seront touchés. Vous n'avez pas
vu en eux le seul domestique, ils ne verront pas uniquement en vous le maître ,et ce sera tout profit.
Sur ce commencement, vous édifierez des relations
normales. Un peu d'humanité, un peu de bonté, sera
entre vous. Le dévouement en naîtra comme une
conséquence naturelle. Vous en parlez sans cesse,
vous voulez le récolter. De quel droit? L'avez-vous
semé? Vous ne connaissez ni le champ où il pousse,
ni la graine dont il est issu. Vous êtes égoïste, froid,
attentif seulement à ce qui vous regarde. Vous allez
répétant : « Pourvu qu'ils fassent leur service, le
reste m'est égal. » N'avez-vous donc pas assez d'intelligence pour comprendre que le pendant de cette

réflexion des maîtres, c'est cette autre réflexion des domestiques : « Pourvu qu'ils me paient, le reste m'est égal ! »

Pour résoudre la question des domestiques, la même chose est nécessaire qui l'a toujours été depuis le commencement du monde, en face de toutes les difficultés : du tact et de la bonne volonté. Si l'on vous offre une recette nouvelle et qu'elle soit bonne, soyez sûrs que c'est l'ancienne, changée de forme.

*
* *

Une autre recommandation qu'il est bon de ne jamais perdre de vue est celle-ci : *se mettre à la place de ses domestiques*. Pour vivre avec quelqu'un il faut le comprendre, pour le comprendre il faut savoir pénétrer dans son état d'esprit.

Voilà des êtres qui vivent sous votre toit et ont un sort tout différent. Ils ont beau observer la distance sociale qui est entre leur situation et la vôtre, la distance matérielle est supprimée. Les comparaisons s'imposent à chaque minute. Il surgit, tout le long des jours, des réflexions qu'il n'est pas facile de caser du premier coup et qui peuvent déranger une cervelle. Des froissements d'amour-propre, des oublis, des doutes involontaires, alimentent les pensées de mécontentement, de révolte. Pour y porter remède il faut en discerner les causes.

Quelquefois la difficulté vient du mépris que la vanité de nos existences inspire à ceux qui nous servent. Ils ne nous voient pas assez travailler, ne se rendent pas compte du but de notre vie, à moins qu'ils ne voient trop bien que ce but est nul. Servir des gens, qui eux-mêmes ne servent à rien, c'est démoralisant. On accepte d'être un rouage inférieur à condition d'engrener avec un ensemble et d'aider à porter le poids d'une activité supérieure. A préparer le repas d'un maître laborieux, à cirer les bottes d'un médecin, à brosser les habits d'un penseur, à allumer le feu d'un voyageur qui reviendra le soir fatigué d'une longue course, il y a du charme et de l'encouragement. Je comprends à merveille le domestique qui dit : nous allons faire une opération chirurgicale, nous plaidons une cause célèbre, nous perçons un tunnel, nous construisons une usine; ou la cuisinière qui soigne un potage, parce que c'est le jour où Monsieur fait son cours, et rentre un peu las. On a besoin de savoir pourquoi on travaille. Nourrir, coucher, habiller, promener, amuser des oisifs, n'est pas un métier d'homme. Cela vous rend grognon, moqueur, sceptique, vicieux. Mettons-nous à la place du serviteur, c'est quelquefois un bon moyen de nous remettre à la nôtre.

Pour réaliser les qualités nécessaires à un bon serviteur, il faudrait le calme du philosophe, la souplesse du diplomate, l'habileté du sorcier, l'entrain du diable, la patience des anges.

Où sont les maîtres qui ont ces qualités-là ? Nous nous permettons d'être capricieux, maladroits, négligents, et surtout impatients. Singulier privilège de moins valoir que ses inférieurs!

Que pensez-vous du charretier qui titube quand le cheval marche droit, et qui au premier faux pas roue de coups la pauvre bête?

Ce rustre à la fois exigeant pour son subalterne et désordonné lui-même est l'image de bien des maîtres, avouons-le sans marchander. Ma conviction est que la question des domestiques est surtout malade du côté des patrons. Et d'ailleurs, admettons que je sois dans l'erreur, n'est-ce pas là le côté qui est le mieux en notre pouvoir? Appliquons-nous à soigner ce qui dépend de nous. Cette méthode nous prouvera ses qualités par ses résultats. Pour être bien servi, il faut bien commander; pour bien commander, il faut être respectable et se bien tenir, tout le premier.

Soyons humains, exigeons que nos enfants le soient. Rien n'indispose et ne gâte un serviteur comme d'être à la merci des caprices d'enfant. Deux êtres sont des héros : le soldat sous les armes, qui se laisse jeter des pierres par la populace, sans tirer dessus; le serviteur qui subit avec mansuétude les impertinences d'enfants arrogants et mal élevés. Prenons garde de ne pas négliger nos rapports avec les domestiques. Appliquons-y la règle de conscience la plus scrupuleuse et la plus élevée. Un homme de bien met plus de délicatesse et de vigilance à bien se tenir vis-à-vis de ses inférieurs, qu'à faire bonne figure vis-à-vis des supérieurs. Si vous péchez sur ce point, toute la maison s'en ressent : la paix domestique, l'éducation des enfants, l'atmosphère morale et religieuse. Allez donc faire votre prière, quand vous venez de commettre des excès de parole ou de pouvoir!

Mal vivre avec ses domestiques, c'est entretenir chez soi un foyer d'infection. Bien vivre avec eux, c'est résoudre, pour sa part, un des problèmes sociaux qui tourmentent cette époque; c'est permettre à ceux qui ont la charge principale de notre existence matérielle d'être autre chose que des bêtes de somme, d'entrer dans l'esprit de leur fonction, ce qui est toujours une libération; c'est leur permettre enfin de se sentir nos collaborateurs, et, malgré les distances extérieures, nos semblables en dignité humaine. C'est nous éviter à nous-mêmes la honte de l'oppression.

Il y a une tache sur tout homme qui réduit un autre homme en esclavage. L'esclavage engendre des mœurs qui déteignent sur le tyran.

Préservons-nous, préservons nos enfants de la tare indélébile attachée aux milieux où l'âme humaine est lésée dans la personne des humbles. Pour faire de nos enfants des hommes, des travailleurs, élevons-les dans le saint respect de l'homme, peu importe le costume qu'il porte, la situation qu'il occupe. Mieux vaut un coup de foudre sur le toit, qu'un paria dans la maison.

Enfants, jeunes gens, jeunes filles, soyez bons

pour ceux qui vous servent, soyez polis, aimables,
respectueux, et souvent aidez-les à porter le fardeau.
Ne craignez pas qu'ils en conçoivent du mépris et
soient moins dociles : se faire aimer, c'est le vrai
secret pour se faire obéir. Cela vaut mieux que de
savourer la volupté empoisonnée qui consiste à faire
sentir la griffe du maître. — Ne vous laissez jamais
rendre un service, qui puisse dégrader quelqu'un.
S'il est des occupations auxquelles s'attache plus
qu'à d'autres une idée d'abaissement, chargez-vous-
en vous-mêmes, de temps en temps, volontairement,
pour en enlever l'amertume. Vous qui êtes libres,
acceptez un peu d'esclavage, afin que l'esclave soit
amené à la liberté, et vous serez les disciples du
Christ qui a dit : « Que celui qui veut être grand
soit le serviteur de tous », et vous serez les enfants
de Dieu, du seul vrai *Maître*. Devant lui sont égaux
ceux qui obéissent et ceux qui commandent. Et
pourtant, ayant entre ses mains le règne et la puissance, il n'en est pas moins, dans le sens le plus
étendu de ce mot, le serviteur des serviteurs :
depuis les gouttes de sang dans nos veines jusqu'aux
mondes géants qui roulent dans les cieux, toutes
choses sont entretenues par ses soins.

* *
* *

Je me suis composé, au fond de mon souvenir, une
collection de braves gens, que j'ai eu le bonheur de
rencontrer le long de la vie. Ils appartiennent à

toutes les classes sociales, à toutes les religions, à toutes les professions. Quand je suis las de l'étroitesse et des préjugés ; dégoûté du spectacle des prétentions, des ambitions, de l'égoïsme stupide, je me réfugie dans cette société intérieure. Là le cœur s'apaise et se retrempe. Parmi ces hommes de bien dont la pensée réconforte et préserve du pessimisme, il y a quelques figures d'obscurs serviteurs. Il m'est impossible d'exprimer la vénération qu'elles m'inspirent et le bien que m'a fait le contact de leur âme simple et fidèle. Je suis heureux, du moins, dans le sanctuaire intime où toute grandeur factice et toute valeur de convention s'effacent, de pouvoir leur offrir en toute plénitude un pur et religieux hommage.

CHAPITRE X

Nos bêtes.

A tout foyer normal il y a au moins une bête. C'est un chien, un chat, un oiseau, qui font presque partie de la famille. Ils connaissent tout le monde et tout le monde les connaît. Ils font la joie des enfants. Quelquefois, ils les gardent, les défendent, leur servent de compagnons de jeu, de passe-temps dans les maladies, de consolateurs aux heures de punition. Le chien surtout est vraiment bon à tout faire. Il sert de cheval de trait et de cheval de selle et quand on est las de jouer, il se prête à faire l'oreiller. Puis il y a de bons ânes, bêtes patientes, chevilles ouvrières de toutes les excursions, portant à la fois les promeneurs et le déjeuner, ou voiturant derrière eux toute une joyeuse nichée. Arrivés au but, on les embrasse, on les gâte. Pour agrémenter l'herbe qu'ils broutent et les chardons qu'ils croquent, chacun leur offre de son pain et au dessert les bourre de sucre.

Tous ceux qui connaissent la vie aux champs et

à la montagne savent quelle place peut tenir dans la famille une vache ou une chèvre. Chez les petites gens elles font partie de la providence. — Pas de souvenirs d'enfance, surtout à la campagne, sans qu'il s'y rencontre des bêtes. Souvent elles sont mêlées aux plus grands événements, aux premières et ineffaçables impressions. Leur place est donc marquée ici. Parlons-en un peu; ce sera le moyen à la fois de payer une dette de reconnaissance et de faire une petite diversion, un peu d'école buissonnière.

Les hommes ne sont pas amusants tous les jours. On a beau les aimer : il arrive des heures où l'on est saturé de leurs histoires. Cela repose alors de s'occuper de ces innocentes et simples créatures, qui n'ont pas trempé dans nos roueries, nos hypocrisies et n'ont pas adopté nos systèmes compliqués de pensées, nos désirs insatiables et nos besoins factices.

*
* *

Mais, à observer les bêtes, on s'aperçoit bien vite qu'elles nous ramènent aux hommes. Car s'il y a dans l'homme des vestiges de la bête, il y a dans la bête des traces de l'homme. La bête, la bête domestiquée surtout, porte notre marque. Non seulement elle est stigmatisée par nos méchancetés, fourbue et usée par nos cruautés, atteinte dans sa vitalité par le contact avec les civilisations morbides; mais elle est aussi affinée par notre société et en quelque sorte humanisée par son commerce séculaire avec l'humanité. Quelque chose de l'âme humaine circule dans l'âme obscure de ces compagnons inférieurs. La solidarité ne cesse pas où finit notre race. Fatale ou bénie, elle s'étend au delà.

*
* *

Lorsque je vois de longues caravanes de rosses finies, aux jambes ankylosées, à la peau trouée et saignante, gravir le boulevard de l'Hôpital pour passer du marché aux chevaux à l'abattoir, je me sens gagné d'une tristesse infinie. Ce sont des vaincus de la vie, qui me rappellent tout ce que broie, sous ses roues la lourde et homicide machine de notre état social. Ils saignent de notre mal, ils plient sous nos fardeaux, ils succombent sous nos misères. Nos fautes sont sur leur dos, tandis que leurs bienfaits sont sur nous. Il y a dans leur douleur résignée, dans leur écrasement immérité et que n'atténue pas l'espérance d'une compensation, je ne sais quel symbole sublime, qui rappelle toutes les victimes innocentes et fait ouvrir le regard sur d'infinies profondeurs. Je ne puis m'empêcher, en regardant ces êtres chargés de langueurs, de penser à la grande douleur libératrice par laquelle le monde est sauvé et aux châtiments qui, du coupable, retombent sur le juste. Ne vous froissez pas de ce rapprochement, lecteur, si vous faites profession d'être chrétien. Souvenez-vous plutôt que le Christ a été appelé, par tous les âges, l'agneau de Dieu. Pour moi, j'aime à me souvenir aussi que le jour où le Fils de l'Homme entra dans Jérusalem aux acclamations d'une foule enthousiaste, il lui plut d'associer à son honneur la plus méprisée, la plus maltraitée des bêtes domestiques, ce souffre-douleur sans cesse roué de coups, et qu'on nomme l'âne.

*
* *

Il y a une toute petite coccinelle qu'on appelle dans certaines contrées : *Bête à bon Dieu*. Les enfants se gardent de la tuer. Quand elle tombe à l'eau, ils lui jettent des feuilles ou des brins d'herbe pour s'y réfugier; quand elle est transie de froid, ils la réchauffent dans leurs mains; quand ils la rencontrent prisonnière dans une chambre, ils lui ouvrent les fenêtres et lui rendent la liberté. Car cette petite bête, à leurs yeux, est sacrée. Elle a un patron puissant, la petite coccinelle dont les élytres sont constellés de points noirs ou blancs, comme le ciel d'étoiles. Il ne faut pas qu'on la tourmente, la petite bête du bon Dieu.

Je me suis rempli l'âme de ces impressions d'enfance; mais toute bête m'est devenue bête à bon Dieu et me donne une impression religieuse. Dans François d'Assise, le bon Saint, ce que je trouve de plus touchant, c'est son amour pour les bêtes. Quand il leur donne les titres d'amitié et les appelle ses frères et ses sœurs, je le trouve tout simplement adorable. Cela ne l'a pas empêché d'aimer les hommes ni d'apprécier la dignité humaine.

**

Certains de nos semblables passent leur temps à énumérer les signes qui nous distinguent des bêtes, à enregistrer nos marques de supériorité, nos titres de noblesse, à se grandir enfin, par la comparaison avec tout ce qui n'a pas, selon une définition mémorable, le privilège d'être un bipède sans plumes. Que ces préoccupations sont puériles et montrent bien, que de tout ce qui rampe, grouille, court, nage ou vole à travers la création, l'homme seul est vraiment « bête »! Quoi de plus sot, quand on est un homme, que de profiter de la rencontre d'un pauvre animal, pour se livrer à des comparaisons vaniteuses et déplacées, et redire aux frais d'un cheval, d'un crapaud ou d'un serin la vieille prière du pharisien : « Je te remercie de n'être pas comme un de ceux-là. » Y a-t-il rien de moins respectueux pour le créateur qui les a faits? L'homme se glorifie d'être plus grand que ce qui peuple le monde autour de lui, comme si dans une créature quelconque il y avait un autre mérite que celui du créateur. Lui seul d'ailleurs les mesure et sait quel est leur commencement et leur fin. Quant à moi, je pense que, pour chacun. la vraie question consiste à être ce que Dieu a voulu qu'il soit. Il ne me déplairait pas d'être une fourmi, pourvu que je fusse une fourmi de Dieu.

*
* *

Si les bêtes ont leurs contempteurs injustes que la seule idée d'une parenté avec elles empêche de dormir, elles ont aussi leurs détracteurs légitimes. Mais c'est à des amis maladroits, à des partisans trop exclusifs qu'elles en sont redevables. Il y a des gens très agacés par le spectacle des gâteries, des adulations, des tendresses exagérées, dont certaines bêtes sont l'objet. Il leur répugne de voir des chiens en pardessus, avec parapluie vissé sur le dos, des guenons qui se pavanent en voiture. Ils trouvent mauvais qu'on oublie les hommes ou qu'on les mal-traite pour se consacrer aux bêtes et leur réserver toutes ses sympathies. Leur indignation est juste; mais qu'en peuvent les bêtes, si leurs amis man-quent de discernement ?

D'ailleurs, là encore, avant de jeter la pierre à quelqu'un, il faut chercher à comprendre. L'ori-gine de l'attachement à certaines bêtes est très touchante. On a tort d'en vouloir à ceux qui n'ont plus personne à aimer, de se dédommager sur une bête de ce que les hommes et la vie leur ont refusé. Vues du dedans, expliquées, ces affections sont moins ridicules que vues du dehors. Elles méritent l'intérêt, et sont capables quelquefois d'éveiller la pitié ou de commander l'admiration. — Je n'en veux pas aux vieilles filles de porter leur caniche sur les mains, pour qu'il ne se mouille pas les pattes, ou de le réchauffer sur leur cœur pour l'empêcher de prendre un rhume. Qui peut évaluer la somme de vaines tendresses, d'affections rentrées, de bonne et pure soif perdue, dans le pauvre monde où nous sommes? S'étonner qu'on mange du pain noir faute de pain blanc, qu'on se serve de béquilles faute de bonnes jambes, qu'on allume un brasier pour remplacer le soleil absent, cela ne prouve pas en faveur de celui qui s'étonne. Il faut bien peu connaître le cœur humain, son impérieux besoin de dévouement, d'amour, de sociabilité, pour ne pas comprendre la place que peut prendre une bête dans une vie d'homme.

J'ai connu une dame âgée de condition distinguée et qui avait perdu toute sa famille. Demeurée seule au monde. elle n'avait pour société qu'un petit chien, noir extrêmement affectueux et démonstratif. Il gardait sa porte la nuit, et, le jour, l'accompagnait à la promenade, ou se couchait devant son lit quand elle était souffrante. Un jour la paisible petite bête reçut, en pleine poitrine, un coup de pied de cheval dont elle mourut sur l'instant. En apprenant cet accident, je mesurai toute la désolation qu'il devait causer et j'allai en exprimer à celle qu'il frappait mes plus vives condoléances. En même temps je lui racontai l'histoire d'un vieillard de quatre-vingts ans, vivant seul et malade dans un sixième et refusant d'entrer à l'hôpital, parce qu'il ne pouvait y emmener un caniche blanc, son dernier ami, dont il ne savait que faire. Personne n'avait jamais compris l'obstination de ce vieux solitaire et chacun le qualifiait de fou. Elle le comprit et offrit une petite pension, moyennant laquelle le chien fut placé chez des personnes soigneuses. Le vieillard, tranquillisé, se laissa admettre à l'hospice, où il put revoir, de temps en temps, son compagnon fidèle. De quoi faudrait-il être fait pour trouver ces choses-là ridicules !

*
* *

Il est de par le monde un petit chien, de mes amis, et qui a nom Tom. Il a parcouru les principales villes d'Europe avec son jeune maître en cours d'études, représentant auprès de lui la famille absente. On ne les voyait jamais l'un sans l'autre. Quiconque invitait le maître invitait aussi le chien...

Aujourd'hui, des deux inséparables, Tom seul est resté. Fauché dans la fleur de l'âge, son jeune maître est parti avec les feuilles de l'automne dernier. Sa place est vide à table et au foyer. Mais, du même coup, Tom est devenu une relique vivante et sacrée. Il rappelle le cher absent, le représente à toute heure. Et quand il se couche aux pieds de ses maîtres qui pleurent leur fils, il y a une grande douceur, pour ces cœurs blessés, à sentir près d'eux un être jadis aimé par leur enfant et qui le regrette si bien, que pendant de longs jours il a refusé toute nourriture. Chaque fois qu'on le mène à la gare pour chercher un ami, le pauvre Tom s'imagine qu'on va à la rencontre de celui qui est absent et dont il attend le retour. Quand il reconnaît son erreur, ses yeux expriment une douleur qui fait pitié. Et vous croyez que de telles bêtes ne méritent pas d'être aimées !

*
* *

Sur un quai de Paris, tous les jours que Dieu donne, on peut voir une personne entre deux âges, presque naine, en compagnie d'un chien. Au premier coup d'œil, on s'aperçoit que c'est la dame qui accompagne le chien, et non le chien qui accompagne la dame. — Il a donc une dame de compagnie, ce chien-là ? — Eh oui !...

La bête est vieille, lente, quelque peu rhumatisante. C'est un gros barbet couleur cendré, aux yeux ombragés de longs poils. Quand il marche, sa gouvernante marche ; quand il s'arrête, elle s'arrête. C'est lui qui indique la direction, et passe de l'ombre au soleil, selon son désir.. De temps en temps, il fait mine de vouloir se coucher. Alors on lui étale à terre un tapis. Quand il se relève, la dame ramasse le tapis et le porte derrière lui... Il y a quelque chose de choquant à voir une bête servie par un être humain. Mais je dois dire que la gouvernante de ce barbet n'a pas l'air de s'en douter. Rien. dans sa physionomie, n'indique que sa dignité se trouve blessée. D'humeur égale, pleine d'attention pour la bête confiée à ses soins, elle paraît très satisfaite de son sort. Et, de fait, pour qui sait l'histoire du chien, il n'y a là rien de sur-

prenant. C'est un chien de soldat, un chien d'offi-
cier de marine. Son maître est mort aux colonies.
En partant il l'avait confié à sa famille. Maintenant
une partie de la piété que l'on consacre aux morts
s'est reportée sur ce chien. Depuis des années, il
personnifie le souvenir de son maître. La pauvre
personne qui le soigne n'admettrait jamais que ce
soit là un chien comme un autre. Et, au fond, elle
a mille fois raison... Mais le badaud qui passe ne
sait pas cette histoire ; il s'indigne de l'orgueil des
bourgeois, qui font traiter un chien comme si c'était
un homme.

*
* *

Entre l'homme et la bête, il y a infiniment plus
d'échanges qu'on ne le pourrait supposer. Sans le
savoir, une bête peut consoler un homme. J'ai vu
des êtres calomniés, traqués, à qui leurs semblables avaient infligé les pires tortures morales, je
les ai vus brisés, presque désespérés, se ranimer
soudain et verser des larmes d'attendrissement en
revoyant leur cheval, en recevant les caresses de
leur chien. Ceux-là leur restaient, croyaient en eux,
ne changeraient jamais.

Il faut avoir senti sur soi la bave impure des
calomniateurs, supporté le regard des amis cré-
dules ; il faut s'être vu abreuvé d'injustice, entouré
de soupçons, lâché par tous, pour sonder tout ce
qu'il y a de consolation à dire à une brute fidèle :
« Toi, du moins, tu as confiance ! »

Un jour, au plus fort de ses combats, le grand Luther, harassé, écœuré, plein de pressentiments troublants, se laissa choir au bord d'un sentier de forêt. Une heure mauvaise passait sur lui, une de ces heures où il avait jadis envié les morts en disant : « Heureux sont-ils, car ils se reposent! » A ce moment un petit rouge-gorge des bois vint en chantant se poser sur le buisson voisin. Les yeux du réformateur se fixèrent sur lui et l'observèrent longtemps. Comme un rayon de soleil, l'insouciance gracieuse de cet hôte des forêts s'insinua dans son âme. Il se dit : « Cette pauvre bête ne sait rien ni de Dieu ni du Sauveur; sa vie est exposée à mille dangers; des ennemis sans nombre la guettent de jour et de nuit; elle ne sait de quoi elle vivra demain ni l'hiver prochain. Pourquoi donc est-elle si tranquille et si confiante? Le Dieu qu'elle ne connaît pas lui a donné de se reposer sur lui de tout soin; elle chante comme fleurit le lis, comme le ruisseau murmure... Et moi qui adore le Père des cieux, je me morfondais ici croyant tout perdu!... » Disant cela, Luther, réconforté, partit en remettant ses voies à l'Éternel. Il venait d'apprendre qu'on a souvent besoin d'un plus petit que soi.

*
* *

La mort des bêtes aimées, près desquelles on a grandi, est une de nos premières tristesses. Leur existence est courte. Mais les avez-vous vues mourir?

Alors je pense que vous trouverez comme moi qu'il est injuste de dire : mourir comme une brute, comme il est inexact de dire : vivre comme une brute. Ces locutions désignent les vies basses et viles, les morts qui inspirent de l'effroi et du dégoût. La bête n'est pas brutale : elle n'est ni intempérante, ni impure, ni vicieuse, à moins que la vie de l'homme n'ait déteint sur elle. Et quand elle meurt, c'est avec douceur et simplicité, quelquefois avec courage. Elle ne fait pas tant d'affaires pour quitter la vie. Il serait à souhaiter que la mort de la plupart des hommes ne fût pas plus laide, plus troublée, plus angoissée.

Pour moi, près de la moindre créature qui finit, près des fleurs qui se fanent, de l'oiseau qui tombe du toit, aussi bien que devant les génies qui s'éteignent, je pense au grand mystère de la vie, au dessein éternel, à qui se ramène toute chose. Et si je ne vois rien partir sans lui donner un regret, je ne peux m'empêcher de penser aussi : Petit ou grand, obscur instinct ou lumineux esprit, tout découle de la même source, tout fait partie de la même œuvre immense. Ce qui vient de la Vie peut-il aller au néant ? Le regret de voir quelque chose finir n'est-il pas un avertissement, un pressentiment ? Une œuvre de Dieu peut-elle finir ?

CHAPITRE XI

L'ordre dans la maison.

Aimez-vous l'ordre? Pour ma part, en disant que je l'aime, je resterais au-dessous de la vérité, car j'ai pour lui un respect, pour ainsi dire, superstitieux. Mais si je l'admire, il m'humilie. Je suis loin de lui être fidèle toujours, et j'en parle ici, avec une dévotion mêlée de regrets et de confusion. Un sentiment pourtant me soutient : je me dis que beaucoup de mes lecteurs sont comme moi; ce n'est pas ce que nous trouvons le plus beau que nous pratiquons avec le plus d'assiduité.

L'ordre m'apparaît comme un triomphe de l'esprit sur la matière brute, sur les éléments, sur les forces confuses et brouillonnes. L'ordre c'est la lumière, le calme, la juste mesure, le soutien du travail, le garant de la vie. Sans lui qu'est la cité humaine? un troupeau sans but et sans loi, qu'il faudrait envoyer à l'école chez les fourmis ou les abeilles.

Mais mon intention est de parler de l'ordre au

foyer domestique. Là, il consiste d'abord à mettre chaque chose à sa place.

J'entre dans une pièce en désordre. On se dirait chez le marchand d'antiquités, ou dans un fourgon de déménagement. Les meubles ont l'air de gens effarés, surpris de se voir les uns près des autres. Il y a des livres en détresse, des clefs égarées, des des bouquets fripés, débris de quelque fête lointaine. Un violon, oublié sur une chaise, fait un rêve lugubre. Où est le musicien? Et sur tout cela une vague poussière se répand. On dirait que les habitants de céans, surpris par quelque désastre, ont fui je ne sais où, il y a de cela bien longtemps.

Ouvrez un tiroir, une armoire, regardez le sac à livres des enfants, une corbeille à ouvrage : autant de formes du chaos.

Quels sont les résultats, pour la vie familiale, d'un pareil état de choses, qui peut se rencontrer à des degrés divers?

Il en résulte, premièrement, une mauvaise humeur chronique. Le désordre fait une figure maussade, décourageante. Dès le matin, il frappe la vue, nous accueille au pied du lit et nous indispose. Il nous est d'ailleurs un reproche perpétuel. Enfant mal venu, mal élevé, il ne fait pas honneur à ses auteurs. Si le désordre nous fait perdre la bonne humeur, il nous fait aussi perdre le temps. Quand rien n'est à sa place, il faut organiser des recherches pour trouver le moindre objet. On pratique des fouilles dans les cartons, la bibliothèque, les commodes,

comme on ferait en des archives ravagées par un
incendie. Le monde est plein de ces chercheurs,
qui toujours ont perdu quelque chose. Ils ne trouvent ni leurs lettres, ni leurs outils, ni leurs habits.
Veulent-ils s'habiller, ils mettent la maison sens
dessus dessous : « Où sont mes gants? N'as-tu pas
vu mes cravates? Qu'est devenu ce ruban vert
tendre? qui m'a *pris* mon crochet à bottines? »
Remarquez que les gens à désordre deviennent facilement méfiants : « On me *prend* tous mes livres,
on m'égare mes clefs »!

Jamais ils ne comptent leur argent. Il leur semble,
qu'hier au soir, leur porte-monnaie contenait une
pièce de cinq francs. Où a-t-elle passé? S'ils avaient,
de l'ordre, ils sauraient qu'ils l'ont dépensée et
pour quoi. Mais ils n'en ont pas, et les voilà qui
soupçonnent leurs camarades, leurs domestiques.
Les mêmes gens paient deux fois sans y prendre
garde la note d'un fournisseur malhonnête ou simplement désordonné comme eux. Mais, le jour suivant, ils disent à la pauvre couturière qui leur
présente sa facture impayée : « Vous devez vous
tromper, j'ai réglé ce compte. » Là-dessus ils
plongent dans un fouillis de paperasses disparates,
remuées comme une salade russe, exhument des
liasses jaunies, retrouvent, en passant, des papiers
importants, perdus depuis des années. L'ouvrière,
gênée, attend toujours. Enfin elle est payée et s'en
va, ennuyée, soupçonnée.

Les gens à désordre sont toujours en retard,

toujours pressés. Tant qu'ils s'imaginent avoir le temps, rien ne peut les tirer de leur flegme ; mais au dernier moment la fièvre les prend et ils bousculent tout le monde. Ils sont la plaie des voyages, le désespoir des rendez-vous, le fléau des réunions ou leur risée. Ce propos ne sonne-t-il pas dans nos oreilles : « Bon, voilà les X... qui arrivent, c'est dire que la réunion va finir. »

Il y a des heures où le désordre devient un péril, soit qu'il menace la sécurité et la vie de ceux qui nous sont confiés, soit qu'il nous prive au moment voulu d'un objet indispensable. Faute d'avoir sous la main, instantanément, telle trousse, tel remède, telle clef, on assiste impuissant au malheur. La porte ne s'ouvre pas, le timbre ne sonne pas, l'arme ne part pas. On crie : « fatalité! », on devrait crier : « désordre! »

L'ordre, au fond, est une garantie pour chacun. C'est un hommage rendu aux droits d'autrui. C'est l'injustice constatée, la vérité découverte, le temps gagné, l'argent épargné, les contestations évitées, le péril prévu, conjuré.

*
* *

Les gens à désordre ne reconnaissent pas leurs travers. Pourraient-ils continuer, s'ils se voyaient tels qu'ils sont, irritants, affolés, ridicules? Mais ils préfèrent se moquer de ceux qui ont de l'ordre en les appelant maniaques. Certes on peut tout exagérer, même l'ordre. Dans certaines maisons il dégénère en tyrannie, en démence. Chez ceux, par exemple, qui enferment tout à triple tour, et verrouillent ensuite leur trousseau de clefs dans un tiroir, dont la clef est elle-même soigneusement cachée ailleurs. Vous avez besoin d'une fiole, d'un mouchoir, c'est une affaire d'État, il faut passer par toute la filière.

Il y a aussi les fanatiques de la propreté, qui est une des formes de l'ordre. On a beau ne pas aimer ce que ces personnes appellent « la saleté », il est pénible de se voir persécuté nuit et jour pour le grain de poussière qui peut-être est sur nos habits, pour une miette de terre problématique pendue à nos souliers. J'ai connu un intérieur de province, archipropre, où dès la porte on s'emparait du visiteur, pour le brosser, secouer son pardessus, lui passer une paire de chaussons, minutieusement époussetés. Ce n'est qu'après cela, qu'il pénétrait au salon. Tenu de poser ses pieds, sur une rondelle placée devant sa chaise, on la lui remettait au besoin, s'il faisait mine de s'en écarter. La table était exquise : mais gare à l'invité qui renversait son vin sur la nappe : il était perdu dans l'esprit de l'hôtesse.

J'ai été frappé aussi, dans certains milieux, de ce que j'appellerai le fétichisme des meubles. On ne peut toucher à rien, user de rien. Qu'un fauteuil soit fait pour s'y asseoir, un tapis pour y marcher, un lit pour y coucher, la vaisselle pour y manger, quelle idée stupide, vraiment digne d'un esprit grossier! L'homme qui passe, doit se consacrer au meuble qui demeure. Si cette armoire vous gêne, vous empêche d'y voir clair, de travailler, dérangez-vous; mais on ne dérangera pas l'armoire. Elle est inamovible. Voilà qui est absurde, évidemment, et qui excite à la révolte.

Mais je ne me jetterai pas pour cela dans vos bras, hommes de désordre! Il est facile de se moquer des êtres méticuleux, pénibles, ponctuels jusqu'à la marotte. Mieux vaudrait les imiter, par les bons côtés.

Ceux-là seuls qui arrivent à mettre de l'ordre dans leur vie, ne perdent pas la vie. Les affaires, c'est surtout de l'ordre. La science aussi c'est de l'ordre. Sans méthode, les plus belles connaissances et les notes les plus étendues ne forment qu'un fatras indigeste, dont personne ne peut profiter.

Partout donc où je rencontre l'ordre, je suis heureux de lui rendre hommage et volontiers je m'arrête. S'il me plaît dans la maison fortunée, où bien des mains contribuent à le maintenir, je le salue bien bas dans l'humble demeure. Une femme d'ouvrier qui tient bien sa maison et ses enfants, qui a de l'ordre dans la chambre, les vêtements, les dépenses, revêt à mes yeux un mérite extraordinaire, car je songe à ce qu'il lui faut d'énergie, de vigilance, d'esprit de suite. Le contact de ces vertus est réconfortant. Près d'un homme qui a de l'ordre, organise bien son travail, je me sens à mon aise, je me fortifie, je recueille des leçons et des inspirations. En le quittant, il me semble avoir respiré un air pur et vivifiant.

L'ordre est une puissance éducatrice. Si nous n'en avons pas pour nous-mêmes, ayons-en du moins pour l'amour de nos enfants. Dans une maison dépourvue de règle, d'organisation, sans heure fixe pour le travail, le repos, la table, il n'y a qu'anarchie et confusion. Impossible d'y pratiquer une éducation quelconque. L'enfant a besoin d'être encadré dans une série d'habitudes que chacun observe. Il apprend ainsi à marcher dans le rang, à sauvegarder le droit des autres, à faire des concessions à l'intérêt général, à discipliner ses mouvements. Dans un intérieur bien dirigé, où tout le monde respecte la loi commune, se soumet aux heures et consent à remettre à leur place les objets dont il s'est servi, on entend peu de paroles, de cris, d'explications; mais il s'y fait beaucoup de besogne. Chacun est à son poste et son ouvrage engrène avec celui du voisin.

Les esprits forts qui s'insurgent contre la règle de maison ne sont que de petites cervelles étroites. Sous prétexte d'indépendance, ils organisent l'esclavage le plus insupportable. Pour ne pas se déranger, ils dérangent tout le monde. Pour ne pas se presser, ils se font attendre, ce qui est une des impertinences les plus caractérisées. Et, après tout cela, ils ont contracté un vice qui leur rend bien difficile toute vie partagée avec des compagnons d'étude, de travail ou même de plaisir. Il faut de l'ordre partout. Que le foyer s'en fasse le premier professeur. Il n'aura perdu sa peine ni pour la paix et la satisfaction présentes, ni pour les futures carrières de ses membres.

CHAPITRE XII

Mains diligentes, doigts de fée.

« Enfants, desservez la table, c'est chez nous qu'on veille ce soir ! Les fileuses ne vont pas tarder. »

Que de fois, les soirs d'hiver, ai-je entendu dire cela, en Alsace ! Et tout aussitôt, je courais me blottir derrière l'énorme caisse à bois, à côté du poêle monumental. C'est là que, sans être vu, je verrais le mieux tout ce qui allait se passer dans la chambre et que je ne perdrais pas un mot de ce qui se dirait. Surtout j'aurais peut-être la chance de me faire oublier et de ne pas entendre tout à coup cet ordre terrible : « Charles, voici l'heure de te coucher ! »

La pièce vaste, aérée, semblait attendre les hôtes... Bientôt, au dehors, de petits sabots sonnaient, et, pour secouer la neige, faisaient contre les degrés de pierre des toc toc répétés. On entendait des rires dans le corridor où les lanternes soufflées se posaient en ligne. Puis elles entraient dans la chambre, les braves filles de paysans, plus robustes et plus fraîches les unes que les autres. Chacune, avec précaution, portait son rouet, œuvre d'art souvent offerte par un fiancé. Sur les quenouilles, grosses et chargées de chanvre, de superbes rubans s'enroulaient en spirale. Ces rubans, au printemps dernier, avaient flotté au chapeau de quelque conscrit du village. Où mieux que sur ces vaillantes quenouilles pouvaient-ils témoigner de la fidélité des souvenirs? — Les fileuses prenaient place tout autour de la table carrée et aussitôt commençaient à filer. C'était à qui filerait le plus de fil mince, ferme, égal.

Un peu plus tard, nouveau bruit de sabots, sous les fenêtres. Mais ils sont plus gros, ces sabots-là. Ils annoncent l'arrivée des gas du village. L'un d'eux frappe à la porte, l'entr'ouvre et demande à entrer. — Des voix répondent : « Avez-vous des rouets, sinon restez dehors, on n'admet pas les fainéants. » Mais bientôt la maîtresse de maison intervient : « Allons, mes enfants, ne les faites pas languir à la porte, qu'ils entrent; à condition d'être sages, ils sont tous les bien-venus. » Et voilà, à la file, une demi-douzaine de vigoureux paysans qui vont modestement s'asseoir dans les coins les moins éclairés.

Les rouets tournent, tournent, ronronnent délicieusement. Une conversation calme les accompagne. Souvent quelque conteur dit une histoire toujours trop courte. Aucun tableau de la vie du village, simple et laborieuse, ne m'a jamais paru plus gracieux que celui-là. Mais où sont les neiges d'antan?

Il n'y a plus aujourd'hui aucun intérêt économique

à filer son chanvre, avec patience, le long des soirées d'hiver. Les rouets sont allés rejoindre, dans les greniers, les habits à boutons de cuivre que portaient nos grands-pères. Ils fraternisent dans la poussière. La jeunesse masculine fréquente les cabarets. A travers le regret que m'inspirent ces scènes lointaines, que mes yeux ne verront plus, je distingue mieux la portée de coutumes longtemps respectées. Ce fil que vous tissiez de vos mains diligentes, vierges de mon pays, c'était autre chose que la matière à faire de la belle toile, à préparer vos trousseaux, à empiler dans vos armoires impeccables des piles de nappes éblouissantes. C'est le fil auquel tenait l'amour, le bonheur du foyer, la joie de la jeunesse.

*
* *

Il ne faut pas mépriser les lois économiques, ni s'ériger en face des transformations sociales en *laudator temporis acti*. Toutefois il est permis de signaler ce que certaines habitudes nous ont fait perdre, surtout si la perte a rapport aux biens de l'âme.

Les tissus qui sortent de nos fabriques modernes sont plus fins que ceux que filaient nos ménagères de jadis. Mais, si j'en admire la perfection technique, ils ne me produisent pas du tout le même effet. Cela coûte moins cher; mais cela manque de tant de choses qui ne s'évaluent pas en chiffres ! Il y avait de la poésie, de la bonté, du souvenir, de l'amour, dans les vieilles nappes, les vieilles serviettes et les vieux mouchoirs. Ces choses-là j'y tiens, et l'humanité en a besoin ; elles font partie des trésors intérieurs, dont vit le cœur des hommes. Avez-vous jamais déballé, loin du home, en pays étranger de menus objets d'habillement, fabriqués par vos mères ou vos sœurs et senti le pur bonheur qui consiste à s'en couvrir, à s'en envelopper ? Alors vous me comprendrez. Et vous me comprendrez mieux encore, vous qui portez et respectez, comme des amulettes, quelque vieillerie devenue sacrée à vos yeux depuis que les mains qui l'ont confectionnée se reposent de leurs travaux. Vous dites : « Je tiens à cet objet, il me vient encore de ma bonne mère, je ne m'en séparerai pas. » Comme vous avez raison, dût-on vous offrir en échange une petite merveille sortie toute flamboyante d'un magasin de nouveautés !

Les conditions économiques du monde se modifient. Le cœur humain reste le même. Arrangeons-nous de façon à ce qu'il ne perde pas trop au change. Je crois qu'il y a moyen d'y arriver. Pour cela, la femme n'a qu'à rester femme. N'ayant plus le rouet, elle inventera autre chose. Ses doigts, d'une façon ou d'une autre, sauront renouer le fil auquel tient l'amour. Car ce sont des doigts de fée.

*
* *

Il y a un certain art spécial qui n'est ni la peinture, ni la musique, ni la sculpture et qui est cependant l'art suprême : il consiste à mettre de l'âme dans les choses matérielles. La femme a cet art par instinct ; mais il faut le développer. Un de ses ennemis, c'est le mécanisme envahissant, qui fabrique à la douzaine des objets dépourvus de marque personnelle. Ce mécanisme a submergé le domaine de l'habitation, de l'habillement, tous les domaines où se donnait carrière l'art féminin, en des créations sans cesse renouvelées et d'une richesse inépuisable. Déclarons-lui la guerre ! Ayons contre lui la haine du vivant contre l'automate ; du musicien contre le piano à manivelle ; du prophète contre les perroquets sacrés qui répètent des formules. Qui nous délivrera de sa tyrannie stupide ?

Il fait tous les métiers, le misérable ! Et l'un de ceux où il me déplaît le plus, c'est le métier de cuisinier. Autant il me répugnerait de m'entendre dire par une machine à parler des vers d'Homère, le Sermon sur la montagne, ou encore : « Je t'aime », autant il me répugne de voir la cuisine banalisée, mécanisée, inondée par des produits tout faits. C'est un signe de décadence, de décomposition familiale et sociale.

Vous allez m'accuser d'être un gourmand, d'attacher de l'importance à ce qui n'en a pas. Prenez la peine de m'écouter et de pénétrer mes intentions. C'est par le cœur et la raison que je m'intéresse à la cuisine, infiniment plus que par l'estomac. La table de famille n'est pas le vulgaire réfectoire où l'on vient vite se charger de quelques victuaillles, comme on charge le fourneau de charbon. La table est un symbole. Quand le Christ a voulu choisir pour tous

les temps une image saisissante de la fraternité et de
la bienveillance réciproque, il a institué la cène. Le
repas, la façon de le préparer, de le prendre, est un
portrait de la vie, et reflète, dans ses diverses formes,
l'état de perfection ou de grossièreté d'une civilisation. Tout l'ensemble du repas a une portée morale
et spirituelle. Le moindre détail y signifie quelque
chose. La propreté, le soin, la cordialité, la
conversation qui règne à table, sont d'un intérêt de
premier ordre. Et ce qu'on mange n'est pas indifférent. La préparation et la présentation des mets sont
un des moyens des plus efficaces de démontrer ses
sentiments à quelqu'un. Quand, après une maladie, le
docteur vous permet de prendre un premier aliment,
ne fût-ce qu'un œuf à la coque, êtes-vous indifférent
à la manière dont ce mince repas vous est servi ? La
main qui l'offre ne signifie-t-elle rien ? Ne le trouvez-
vous pas meilleur s'il est servi avec un sourire,
accompagné d'une bonne parole ? Et si l'on vous
dit : « Tiens, mange cela, c'est bon, je l'ai fait moi-
même, cela te fera du bien », n'en éprouvez-vous pas
une satisfaction plus grande ? — Moi, je suis ainsi,
même bien portant, et je crois que beaucoup de gens
me ressemblent.

J'ai pu observer, avec tristesse, ce qui se passe
dans les ménages d'ouvriers, lorsque la femme cesse
de faire la cuisine, par pure commodité. Je ne parle
pas des cas où une triste nécessité l'y oblige : à l'impossible nul n'est tenu. Mais, devant mes yeux, je
vois une multitude de petits intérieurs. La femme se

contente à l'heure du repas de courir chez les marchands. Elle rapporte quelques victuailles rapidement consommées sur le pouce et sans même mettre la table. C'est plus vite fait. Cela évite de courir au marché, d'allumer du feu, de laver la vaisselle.

Oh! l'abominable pratique que voilà. Elle serait condamnable déjà, au seul point de vûe de l'hygiène. Dieu sait de quoi sont faits les aliments ainsi achetés de confiance et quels germes ils déposent à la longue dans l'organisme! Des milliers de familles se minent la santé par ce procédé; mais au point de vue familial et moral l'inconvénient est plus grand encore.

Pour le père, pour les jeunes gens qui travaillent à l'atelier, pour les enfants qui fréquentent l'école, voir en rentrant la soupe fumante, sur la table mise avec soin, c'est trouver non seulement un peu de confort, mais c'est comprendre qu'une âme de tendresse veille au simple logis, qu'on a pensé à vous en votre absence, qu'on vous aime enfin. Et qui donc niera qu'un peu de tendresse est aussi nécessaire à l'homme qu'un morceau de pain? Les femmes du peuple qui font la cuisine ont plus de mal que les autres; mais leur récompense est de voir l'homme et les fils rester au foyer. Cela vaut bien la peine d'allumer son feu.

*
* *

Sans parler des raisons économiques, qui certes ne sont pas à négliger, la femme, dans toutes les

classes de la société, à cent bonnes raisons de s'occuper de la cuisine. C'est une des provinces de son
royaume, un des leviers de son influence de mère et
d'épouse. Ne dites pas : « J'aurai une cuisinière ou
un chef. » — Sauriez-vous les commander si vous ne
connaissiez pas leur métier? Ne redoutez-vous pas
leurs jugements? S'ils arrivaient à dire : « Madame
n'entend rien au commandement », vous seriez leur
inférieure à un certain point de vue.

Que la femme ne se laisse pas supplanter pour ce
qui est de la vie pratique. Qu'elle ne se contente pas
de connaissances superficielles, et surtout qu'elle ne
se laisse pas aller à mépriser ce genre de travail
comme inférieur. Ce serait manquer non seulement
d'esprit organisateur, mais de discernement.

Que pensez-vous des fiancées qui copient leurs
lettres dans le manuel du parfait secrétaire? — Je
mets au même rang les ménagères à la remorque de
leur bonne, ou de l'épicier, du charcutier, du pâtis-
sier, incapables par elles-mêmes de composer un
plat ou un menu. Vivent les plats qu'on invente et
qu'on fait soi-même! Vive la cuisine individuelle où
l'on met un peu de son cœur et qui nourrit l'âme en
même temps qu'elle fortifie le corps! Et, par-dessus
tout, vivent les femmes qui savent mettre les mains
à la pâte, sans être moins gracieuses ni moins soi-
gnées pour cela!

D'ailleurs, mademoiselle, si vous n'aimez pas le
pot-au-feu, écoutez ce conseil d'un ami. Si vous
n'aimez pas le pot-au-feu, acquérez dans ce domaine

des lumières d'autant plus sérieuses. Sans cela vous tomberez en tutelle, si vous devenez maîtresse de maison, et dans la plus humiliante des tutelles. Vous serez à la merci de vos domestiques, ou si quelque jour vous en manquez, et ces choses arrivent, ce sera la famine au logis. Mieux on connaît son affaire, moins elle vous tracasse, et plus on est indépendant des petites misères et des tours que nous joue l'imprévu. Pour celui qui ne sait pas, tout est une montagne. Si vous désirez que dans votre maison l'esprit l'emporte sur la matière, dominez bien cette matière : possédez-la sur le bout des doigts. Autrement, pour avoir dédaigné l'apprentissage, vous resterez toute votre vie une apprentie; vous serez, chose fâcheuse pour les vôtres, une ménagère à embarras, précisément parce que vous ne connaîtrez pas le secret de faire le nécessaire sans qu'il y paraisse. Et peut-être, tenez, ferez-vous un jour une maladie pour avoir reçu un hôte à l'improviste.

Savoir se servir de ses dix doigts, être capable de faire la cuisine, de bâtir une robe, de chiffonner un ruban ou un chapeau, ce n'est pas seulement un capital, c'est une ressource morale. L'activité des mains est la meilleure gardienne des cœurs. Je plains plus encore que je ne les blâme, les femmes oisives. Leur châtiment est l'ennui, la frivolité, les lectures malsaines, le bavardage vide. Elles sont au surplus inamusables, quoique sans cesse à la recherche d'émotions nouvelles.

*
* *

Mais tous ces soins matériels nuiront à l'intellectualité. Tant de connaissances et d'aptitudes pratiques ne manqueront pas de mettre du plomb dans les esprits, de rétrécir l'horizon?

Détrompez-vous. A moins d'avoir une carrière absorbante, comme celle de médecin ou de professeur, une femme peut s'occuper de son intérieur sans contrarier sa culture. Au contraire, un peu de vie pratique vient au secours des lectures et des idées. Et quand bien même je serais professeur, j'aimerais me reposer parfois des mathématiques ou de l'histoire, en cultivant mon jardin, et médecin, je ne dédaignerais pas de pouvoir prescrire aux malades une cuisine de mon invention.

J'estime donc que tout milite en faveur de l'éducation pratique préconisée ici et j'ajouterai en outre que toute femme doit être un peu garde-malade et s'y préparer comme jeune fille. Quelques notions essentielles, sur les blessures, les accidents, les maladies, un peu de cette décision, de ce sang-froid que procure l'habitude, cela vaut de l'or. Les jours arrivent où le besoin s'en fait vivement sentir.

Chacun de nous a en lui une certaine somme de puissance admirative et quelques-uns la placent assez mal, sur des objets mesquins et indignes. Pour ma part j'en ai placé une grosse part sur le sujet de ce chapitre : les mains diligentes. Je demeure ému, religieusement ému, devant les merveilles que font en silence les mains de la femme à l'ombre du foyer. Aucune province de l'activité humaine, ni l'industrie, ni la science elle-même, n'a cette profondeur mystérieuse. Et dire que tout ce labeur de bonté, d'énergie, de patience est du travail qui ne se paie pas ! L'argent n'y est pour rien. Ce pur désintéressement rachète bien des actes de mercenaire. Celui qui ne le connaît pas ne sait pas ce qu'est l'humanité ; il n'a jamais su son plus précieux trésor, sa plus intime réserve de vertus.

Depuis les mains prévenantes de la fillette qui commence à se rendre utile, à soulager sa mère, à prendre sur elle une part du fardeau, jusqu'aux mains ridées et tremblantes de l'aïeule tricotant encore malgré ses yeux ternis, mains diligentes de nos sœurs, de nos épouses, de nos mères, soyez bénies ! De tout ce que Dieu a fait en ce monde pour traduire sa bonté, rien ne vous égale. Car vous ne savez pas seulement filer le chanvre, tirer l'aiguille, orner la demeure, garnir la table, vous ne savez pas seulement accomplir des miracles d'économie et de courage, des chefs-d'œuvre de grâce : vous êtes bonnes et compatissantes. Vous nous bercez au matin des jours. Vous essuyez nos premières larmes, vous soutenez nos premiers pas et plus tard vous savez toucher à nos blessures d'un tact si délicat, qu'on oublie de s'en plaindre lorsque c'est vous qui les pansez.

* *

Tout tableau doit avoir son ombre. N'en laissons pas manquer celui-ci. Elle sera gaie, en somme, et consistera en deux caricatures destinées à se servir de pendants. L'une est empruntée au sexe fort, l'autre au beau sexe.

Je vois devant mes yeux la vilaine silhouette du Monsieur, qui s'imagine que les doigts de fée ont été créés à cette seule fin de le servir. Parmi les innombrables exemplaires de bêtes curieuses que présente la collection comique de l'humanité, l'une des plus réussies, des plus ridicules, c'est le mari tyran. A cheval sur ses prérogatives, difficile, égoïste, il considère sa femme comme son esclave. Il est sans égards : de jour et de nuit, peu lui importe, quand il s'agit de ses aises, il ne se soucie de personne. De ce fardeau, écrasant parfois, qui repose sur les épaules d'une mère de famille, il ne prendrait pas sur lui la plus mince partie, mais il l'aggrave de son mieux ; « J'ai failli attendre! » « Madame, vos pommes de terre sont brûlées »; « Madame, vos enfants sont paresseux, négligés, impertinents »; « Ma chère, ton bébé m'empêche de dormir la nuit ».

Qui donc nous a raconté l'histoire de ces peuples où la femme est une bête de somme? Quand il y a une charge à porter, c'est elle qui la prend. Le mari suit, libre, à moins qu'il ne précède, hissé sur un âne. Ailleurs, chose incroyable, mais confirmée par des voyageurs sérieux, quand la femme a un enfant, c'est le mari qui prend le lit et se soigne. Nous avons parmi nous des gaillards de ce calibre-là. Et si vous saviez comme ils se prennent au sérieux! comme ils entretiennent et préservent leur dignité! Ils demandent à n'être touchés qu'avec des gants. Je les saisis au bout d'une pincette et je les épingle dans ma collection, comme de vilains bourdons qu'ils sont.

***

Mais quel est cet autre insecte curieux que nous piquerons juste en face? C'est la femme qui se fait servir par son mari, le considère comme son page, son zèbre, son saute-ruisseau ou son valet de chambre; à moins qu'elle ne fasse de lui son écran, son éventail, son oreiller. Il se pratique dans ce domaine des choses incroyables. Voici deux exemples cueillis dans des classes sociales fort différentes et dont je garantis l'authenticité absolue :

Un certain samedi soir, sur une route de mon pays natal, j'entendis ce dialogue entre deux maçons qui passaient : — « Ne marche donc pas si vite, notre journée est finie, prenons notre temps et flânons un peu. — Tu le peux, toi, veinard dont la femme sait coudre, dont le dîner fume sur la table quand tu rentres. Moi, hélas! je n'en suis pas là, je ne sais jamais ce qui m'attend au logis. Peu importe quand je rentre, rien n'est fait, et tiens, pour te confier ma peine, c'est demain dimanche, et ce soir avant de me coucher, il faut que je raccommode les bas de ma Catherine. »

Que dites-vous de cela? Un maçon qui dépose le marteau et la truelle pour prendre l'aiguille. C'est raide, n'est-ce pas? Alors goûtez l'anecdote suivante :

Une certaine dame, non des moins fortunées, aussi bien portante que vous et moi, passait sa vie à se soigner. Son malheureux mari usait le plus clair de son temps à calfeutrer les portes et les fenêtres, à consulter le baromètre et l'horizon. Pour la moindre promenade, il se chargeait d'une panoplie d'ombrelles et de parapluies, de châles d'épaisseurs diverses, de sels et d'autres drogues, ainsi que d'un choix varié de livres. On eût dit un colporteur. Madame n'en était pas plus satisfaite pour cela. Il avait beau se charger, s'approvisionner, toujours il manquait quelque chose et les livres qu'il traînait avec lui étaient justement ceux qui, ce jour-là, ne plaisaient pas. Certaine après-midi d'été, par un temps couvert, il prit fantaisie à Madame de prendre un bain de rivière, au bout du jardin. Préalablement, Monsieur courut prendre la température. Elle était légèrement inférieure à la normale. Madame persista dans son désir... On vit alors ce spectacle comique : Madame, descendant vers le rivage enveloppée de son peignoir et derrière elle, trottant, Monsieur, avec deux gros arrosoirs d'eau bouillante... pour adoucir le premier contact de l'onde fraîche.

Elle se faisait chauffer la rivière!

Après cela on peut tirer l'échelle.

CHAPITRE XIII

Les jours mauvais.

Je veux parler des ombres et des difficultés de la vie domestique « aux jours dont nous disons qu'ils ne nous plaisent pas ». Jours d'épreuve commune qui intéressent et affectent tout l'ensemble familial et y provoquent des réactions funestes ou salutaires.

Commençons par ce qu'on pourrait appeler les petites misères. Elles ont leur source dans les angulosités de caractère, les inégalités d'humeur. L'énergie et la vigilance nous permettent d'amender nos tempéraments, mais nul ne saurait être à tel point maître de soi qu'il ne subisse, à certains moments, l'influence de ses mauvais penchants, surtout lorsqu'ils sont réveillés par les contrariétés extérieures. Chacun sait qu'il y a des jours où, selon une expression courante, *cela ne va pas*. Tout le monde s'est mal levé. Le temps s'en mêle, il est lourd, morose, énervant. Et comme par un fait exprès, ce sont ces jours-là, aussi, que choisissent les

fâcheux pour nous faire des visites, nous parler
de sujets irritants, nous écrire des lettres désa-
gréables. Grâce à ces divers éléments, l'atmosphère
de la maison se charge d'une électricité menaçante.
Il y a de l'orage dans l'air. Les étincelles ne
manquent pas de jaillir bientôt. Il tombe des mots
vifs, on rudoie les enfants, les domestiques reçoivent
des horions. — Cela ne pouvait pas manquer. En
des jours pareils, on se souhaite à cent lieues de
l'endroit où l'on se trouve. Mais il n'est pas rare que
le lendemain tout soit transformé. Le soleil s'est
levé dans un air purifié, les vapeurs sont dissipées ;
chacun est souriant et met dans ses procédés avec
les autres un peu du regret d'avoir été si insupportable la veille. Tout se répare et se pardonne :
après la pluie le beau temps.

Lorsqu'il surgit entre membres d'une même famille
des différends sur des points d'une certaine importance, différends qui ne viennent, ni du caprice, ni
de l'humeur, mais d'une réelle opposition de vues
sur des questions de croyance, d'opinion, d'intérêts,
de goûts, de relations, c'est déjà plus sérieux. Au
fond on s'aime et on s'apprécie ; mais il y a des
points sur lesquels on ne parvient pas dès l'abord
à s'accorder. Des explications surgissent, des discussions naissent à l'improviste : il y a du tirage
enfin, la cordialité coutumière et le doux abandon
font place à la réserve, au froid. Les rouages de la
machine familiale grincent quelque peu et l'on
s'aperçoit bientôt que tout l'ensemble de la vie du

foyer est en souffrance. Si par malheur, en ces moments critiques, il survient des amis superficiels, ironiques, heureux de voir les autres ferrailler, ils ne manquent pas d'empirer l'affaire. Heureusement il y a d'autres esprits aussi, des esprits secourables et pacifiques. Ceux-là mettent de l'huile sur les rouages qui frottent et risquent de s'échauffer. Ils disent des paroles réconfortantes, exercent une influence calmante et ramènent les cœurs les uns vers les autres. Ils rappellent que jamais il ne faut sacrifier l'essentiel à l'accessoire, ni laisser l'affection se refroidir parce qu'on a des vues différentes. Ils évoquent les bons souvenirs, touchent les cordes généreuses, engagent à l'indulgence et à la largeur d'esprit. Alors on se retrouve, honteux de part et d'autre d'avoir perdu du temps pour la paix et la bonté. En l'absence d'un ami, c'est notre conscience qui peut nous rappeler à l'ordre. Ceux qu'un méchant et sot amour-propre n'empêche pas d'écouter la voix intérieure ne sont jamais longtemps sans se réconcilier pleinement. Quelque chose en eux, qui vient du meilleur et du plus profond de leur être, leur dit que les jours sont trop précieux pour les consacrer à se bouder, à se faire de la peine les uns aux autres.

*
* *

Des jours pénibles, ce sont encore ceux où les enfants n'obéissent pas, travaillent mal, nous donnent des inquiétudes sur leur avenir. Avant que les caractères se dessinent et que la direction de vie soit pour ainsi dire fixée, on en est quelquefois à se demander de quel côté ces jeunes commençants vont se tourner. Tout indice d'un naturel droit et d'inclinations généreuses nous remplit de joie et d'espérance. Mais par moments les signes de mauvais augure se multiplient. Alors l'incertitude gagne nos âmes; nous voyons déjà nos enfants s'égarer, mal tourner, manquer leur vie, et notre douleur est grande. La plupart du temps, heureusement, ce sont là des soucis exagérés; mais le chagrin n'en est pas moins réel. D'ailleurs quand on songe à ce que c'est que d'avoir des enfants indignes, on trouve tout naturel que la pensée seule d'un pareil malheur nous fasse trembler d'avance.

Une autre catégorie de jours qui ne nous plaisent pas, ce sont les jours de maladie. Quelqu'un des nôtres s'alite. Son état inspire de l'inquiétude. Le danger devient réel. Voilà les cœurs serrés; les occupations de chacun mêlées d'une secrète peine. Pour un temps, l'avenir se fait sombre et la vie domestique est entravée. Mais si la maladie se termine heureusement, pour sérieuse qu'elle ait été, rangeons-la dans la catégorie des petites misères dont on se console. La convalescence arrive et la guérison; la joie dédommage des tourments et personne ne songe à se plaindre. On s'aime un peu mieux et tout est oublié.

*
* *

Malheureusement ce n'est pas ainsi que finissent toutes les maladies et c'est ici que des petites misères nous arrivons aux grandes.

Une infirmité se déclare chez l'un des nôtres, un enfant s'étiole et dépérit. Frappé en pleine et belle vie, un membre de la famille voit son développement arrêté, sa carrière brisée. Pour tout le reste de ses jours, il n'y a pas d'amélioration à espérer. Voilà une lourde croix, un fardeau définitif sous lequel il faudra marcher, une grande misère enfin.

Le deuil en est une autre. Vous avez vu la mort de loin, comme on voit passer au large les orages qui fondent sur d'autres contrées. Maintenant elle s'est approchée. De l'arbre vert et intact de votre vie familiale, elle détache un rameau, elle arrache une branche, à moins que, par un de ces coups de foudre trop fréquents, elle ne scinde en deux et ne déchire le tronc même. Une blessure profonde nous est faite par où s'échappe notre force, et pour longtemps, pour toujours peut-être, notre bonheur est compromis, détruit.

Il y a cependant des circonstances qui aggravent le deuil lui-même. C'est lorsque la mort et la séparation nous atteignent au milieu du bouleversement de notre situation matérielle. La position sociale que nous occupons fournit le cadre stable de tous les événements qui nous arrivent. Tant que ce cadre tient bon, rien de ce qui se produit ne dépasse certaines limites normales. Nous sommes frappés au milieu d'une existence habituelle, entourés d'objets familiers, de figures connues, soutenus par des occupations et des coutumes qui, sont de bonnes forces alliées et secourables. Mais il n'est pas rare que tout cela soit ébranlé et abattu.

Selon leur position sociale, les foyers peuvent être menacés par le chômage, les crises industrielles ou financières, les perturbations économiques, la guerre, les épidémies, toutes les circonstances qui apportent de graves modifications à l'état ordinaire et régulier des choses. Il est facile de comprendre que les risques et les destructions que comportent de semblables événements sont compliqués, amplifiés, dès qu'ils affectent un groupe familial, au lieu d'intéresser des individus isolés.

Autre chose est de perdre son travail, sa fortune, sa situation quand on est seul; autre chose est de recevoir ces coups du sort, quand on a charge de famille et par conséquent charge d'âmes.

Il s'est trouvé des époques plus agitées, plus fertiles en commotions que la nôtre. Toutefois le temps où nous vivons est suffisamment inclément. L'instabilité des situations y a par moments atteint des proportions inquiétantes. A chaque instant nous entendons dire que tels ou tels sont ruinés, et la fréquente répétition des catastrophes nous donne cette pénible impression que ces choses-là peuvent arriver à tout le monde, qu'elles pourraient donc nous arriver.

Comment supporterons-nous la ruine, la pauvreté, ou seulement la diminution sensible des biens et du genre de vie? Quel résultat aura pour nous le régime des humiliations, des privations? Graves questions. Vues de loin et posées en théories seulement, elles paraissent souvent faciles à résoudre. On se tient bien dans les batailles imaginaires. Mais sur le terrain, c'est moins simple. Tant de choses conspirent contre ceux que frappe la ruine! On ne peut jamais savoir d'avance ni ce qu'on éprouvera dans la fournaise de cette épreuve, ni comment on s'y tiendra. Les contrariétés, les démêlés de justice, les mille complications de notre vie sociale, aggravent les malheurs des gens. Le calice d'amertume leur est rendu plus amer encore par les accessoires. Obligés de le vider en détail, ils ne sont jamais bien sûrs qu'il ne reste pas au fond quelque lie cachée.

Encore si les malheurs arrivaient isolément! Mais un proverbe bien fait pour nous effrayer, dit qu'ils n'arrivent jamais seuls. Ils marchent par séries, se tiennent, se provoquent et s'amènent les uns les autres.

Frappé dans vos biens, il est assez rare que vous ne le soyez en même temps dans vos affections. Ce qui vous arrive, et souvent bien malgré vous, vous brouille avec des amis, vous fait mal juger par eux, vous divise peut-être avec vos proches.

Pour comble d'infortune, il ne vous est pas toujours possible de sauver votre réputation des naufrages où a succombé votre prospérité.

Puis quand la tempête a cessé de sévir, et que vous regardez autour de vous, vous apercevez ses effets, qu'au feu de l'action et au sein des soucis d'affaires vous n'aviez pas eu le temps de remarquer. Il y a des santés ébranlées, des volontés brisées, des blessés, et quelquefois des morts. Le deuil suit les pertes d'argent, les embarras ou la ruine.

Alors la nuit s'épaissit autour de vous, la vue se trouble, le courage chancelle, les forces humaines ne suffisent plus aux fardeaux. Celui-là ne sait pas ce que c'est que l'angoisse et la peine, qui n'a jamais passé avec les siens à travers ces ténèbres.

*
* *

Et pourtant il en est de plus épaisses encore. Je veux parler de ce qui se passe quand la dignité et l'intégrité des mœurs sont en jeu, quand il s'agit de l'honneur de nos fils, de nos filles, de notre femme ou du nôtre. Si des écarts de conduite nous ont fait encourir le blâme de ceux qui vivent autour de nous, si, tout en souffrant, nous sommes obligés de reconnaître que nos peines ont une source positive, ont été méritées par nous ou les nôtres, la douleur est assez profonde déjà. Mais si nous sommes victimes de l'erreur, de la mauvaise volonté, de la médisance ; si cette vipère immonde qu'on nomme la calomnie a répandu sa bave impure sur la robe blanche de votre fille, sur votre honneur de citoyen ou de soldat? le gouffre alors s'élargit, se creuse,

devient insondable. On aurait beau avoir toute
l'imagination d'un Virgile ou d'un Dante, tout l'in-
fernal génie d'un Torquemada, jamais on n'arrive-
rait à peindre la somme de tortures qu'une famille
peut endurer lorsque de pareilles calomnies fondent
sur elle.

Malgré cela, au-dessous de ces gouffres, il y a
des degrés encore et j'en signale un. C'est lorsqu'à
la honte publique vient s'ajouter le doute intérieur,
et que ceux qu'on accuse injustement du dehors,
sont soupçonnés par les membres de leur famille.
Que vos compagnons, vos relations sociales, vos
collaborateurs et vos concitoyens vous jugent et
vous condamnent, pourvu que chez vous on ait
gardé la foi et la confiance en vous. Alors il reste
du moins une étoile dans votre nuit. Mais que cette
dernière étoile aussi vienne à s'éteindre : que votre
femme, vos enfants se détournent de vous, alors je
ne connais plus rien qui dépasse l'horreur d'une
pareille situation.

*
* *

Arrêtons ici cette énumération des épreuves de
famille. Les signaler toutes n'est ni possible, ni
profitable. Qu'il nous suffise d'avoir ouvert un jour
sur ces perspectives sévères, d'avoir attiré l'attention sur les avertissements qu'une pareille vue peut
nous donner. Demandons-nous quel est dans la vie
le rôle des jours mauvais ; envisageons quelques-
unes de leurs conséquences.

L'effet que produisent les jours mauvais n'est pas le même pour tous. On ne résumera pas leur action en une formule unique, applicable à l'universalité des cas. Ils affectent les familles d'une façon essentiellement différente, selon la valeur de leur vie intérieure. Partout où manquent l'ordre, l'éducation et la discipline, les malheurs sont le signal de la déroute. Partout où l'éducation est ferme, où l'on se respecte et s'aime, ils cimentent l'union. Au creuset de l'adversité, ce qui est fort se purifie, ce qui est faible se désagrège. C'est un triste spectacle, mais fort commun, que de voir les membres des familles désunies se reprocher les uns aux autres leurs infortunes. Ils s'enveniment réciproquement leurs plaies, en y touchant avec des mains rudes et impures. Le malheur des malheurs, en somme, c'est de ne pas s'aimer, de ne pas se comprendre, de ne savoir ni fraterniser, ni pardonner.

Lorsque les jours mauvais fondent sur une famille où règnent la cohésion, la sympathie et la discipline, immédiatement les rangs se serrent. Chacun, à son poste, fait son devoir. Jamais mieux qu'alors on ne s'aperçoit de la douceur qu'on éprouve à pouvoir compter sur une mutuelle fidélité. La sûreté et le dévouement des uns augmentent le courage des autres. On accepte les privations de bon cœur, parce que chacun pour son compte en fait autant. Si l'on pleure, on ne pleure pas seul.

Attentif à observer la douleur de ses compagnons,

à y apporter quelque soulagement, on oublie ses peines personnelles.

Les jours mauvais, dans les familles où l'on s'aime, présentent de l'analogie avec les soirs d'hiver. Pendant qu'il fait sombre et froid dehors et que pour mieux lutter contre la saison rigoureuse, on s'est enfermé davantage et plus étroitement rapproché, l'intérieur s'échauffe et s'anime. Alors que le long des beaux jours on courait les bois et les montagnes, éloignés quelquefois les uns des autres, maintenant l'inclémence du ciel vous rapproche et la lumière du même foyer éclaire de ses reflets les figures des jeunes et des vieux. Dans les jours difficiles, la tendresse a des inspirations et la bonté invente des artifices que les jours faciles ne connaissent pas.

L'adversité est une grande révélatrice. Si plusieurs y apparaissent sous un jour défavorable, d'autres y manifestent des vertus ignorées auparavant. Même entre mari et femme, parents et enfants, frères et sœurs, on ne se connaît vraiment que lorsqu'on a lutté, pleuré, souffert et prié ensemble. Dans l'heureuse monotonie des jours faciles, la volonté, l'esprit de dévouement et de sacrifice, trouvent peu d'occasions de se manifester. Comme dans un air trop mou, sur un sol trop léger, les germes les plus nobles de notre âme s'y développent péniblement. Il leur faut le sol plus ferme, le climat plus sévère et plus tonifiant des jours difficiles.

Il est un fruit particulièrement précieux, que l'on voit rarement mûrir sous un ciel toujours pur, mais dont la saveur gagne au contact des intempéries, c'est la Pitié. Sans doute il est des âmes que le malheur aigrit et ferme, que leur souffrance rend incapables d'apercevoir celles de leurs semblables. Bien des hommes ressemblent à ces parents qui ne peuvent plus supporter la vue d'un enfant parce qu'ils ont perdu de chères têtes. Leur chagrin augmenté chaque fois qu'il passe sur leur chemin une troupe joyeuse livrée à ses jeux. Ces parents-là je ne les juge pas, je les comprends et les plains. Mais ce qui leur arrive n'arrive pas à tous. Combien sont-ils ceux qui pour avoir pleuré sur ces petites tombes où dorment leurs chers petits anges, ont senti s'éveiller en eux une tendresse émue pour tous les enfants, surtout pour ceux qui souffrent ! Leur douleur a étendu, purifié leurs sentiments paternels. Celui qu'ils regrettent plaide, au fond de leur âme blessée, la cause de tous ceux de son âge. Pour l'amour de lui on sourit à leur joie. C'est en pensant à lui qu'on prend sur ses bras, pour les porter, les innocentes victimes des précoces misères.

Tout n'est donc pas à regretter dans les jours mauvais. Nous sommes comme ces matelots qui préfèrent le beau temps, mais sont redevables, au régime austère des jours de labeur et de danger, de leurs plus solides qualités.

Quand le ciel est clément, la mer bleue et les vents favorables, le métier des gens de mer est plein de charmes. Mais combien il gagne en sévère beauté quand le ciel se couvre et que la mer se fait mauvaise! Parmi les plus grandes choses qu'ait créées l'humanité, je compte ce vaisseau en marche malgré vents, marées et ténèbres, par les effets combinés d'un équipage d'élite. Et je lui compare la famille aux prises avec l'adversité. Heureuse si, comme les matelots, elle a su cultiver en temps calme la discipline qui augmente la force, la sympathie qui réchauffe et trempe les courages; plus heureuse encore si dans l'ombre, où nul phare n'indique la route, elle a appris à regarder la boussole qui ne trompe pas, à s'orienter d'après cette ligne stable et sûre de la conscience, où Dieu lui-même nous marque, à travers la nuit, le chemin vers l'infaillible matin.

CHAPITRE XIV

Les beaux jours.

Les beaux jours sont ceux où l'on s'aime bien, même s'ils étaient, autrement, pleins de difficultés. Ce sont encore les jours de santé, de vigoureux travail, de succès ; les heureux revoirs.

Puis ce sont les jours où l'on se donne quelque répit, où l'on s'amuse en un mot. Je ne songe ici qu'à des amusements simples, accessibles à tous, par lesquels la vie de famille peut être égayée et éclairée. Et d'abord j'indiquerai ce que nous pouvons faire à notre foyer pour nos propres enfants. Tout cela ne comporte que peu de dépense. Point n'est besoin d'être riche pour le tenter. Il suffit d'avoir du cœur et un peu d'entrain. Une condition cependant me paraît presque de rigueur : c'est la présence de plusieurs enfants. L'enfant unique est rarement amusable.

Une femme peut beaucoup, nous le savons tous, sur la conduite de son mari, par un certain nombre de petits procédés qui rendent l'intérieur attrayant. Que cet intérieur soit simple ou luxueux, cela ne fait rien à l'affaire, pourvu que l'on s'y sente à l'aise et aimé. De même les parents peuvent beaucoup pour rendre le foyer agréable aux enfants.

Dans un nid d'oiseaux, quand les vieux se battent ou se disputent, les petits prennent la fuite aussitôt emplumés. Beaucoup de jeunes gens se sont perdus parce que le père et la mère entretiennent autour de la table, et dans leurs instants de loisir, un feu roulant de paroles amères. Alors les jeunes gens s'en vont et se réfugient où ils peuvent. La maison ne leur réchauffe pas le cœur.

Par contre, il y a des familles où l'on s'entend, où il y a de la bonté, de la paix. Ce qui fait défaut, c'est la clairvoyance. Les parents se suffisent réciproquement et ont le cœur largement entretenu par l'affection de leurs enfants; mais les jeunes manquent de sourires, de divertissements. Et lorsqu'on le rappelle, à ces bons et excellents parents, qui l'oublient, ils se sentent blessés. Les jeunes leur paraissent ingrats, exigeants, très coupables de ne se point contenter de ce qu'ils ont. Volontiers on les rappelle à l'ordre quand ils rient trop fort, dérangent les meubles et mènent quelque train par la maison. Il y a toute une grande catégorie de parents *protectionnistes*. Ils se protègent perpétuellement contre le désagrément qui résulte pour eux des amusements de leurs enfants. A force de prohibitions, ils font de la maison une cage. Or, il est

bien rare que dans la plus belle cage et la mieux
approvi-ionnée, on ne nourrisse pas de velléités
d'évasion.

D'autres fois, c'est par rigorisme qu'on s'oppose
aux distractions. « Ma fille, ce n'est pas convenable
de courir ainsi, de rire si fort. On ne chante pas
dans les sentiers; c'est bon pour le peuple. » Un
Monsieur très pincé passant avec ses fils à côté
d'une prairie, où un professeur en manches de che-
mise s'amusait avec ses élèves, dit en haussant les
épaules : « C'est ridicule et cela manque de dignité. »
En attendant, ses fils goûtaient fort peu leur promenade automatique. Ils avaient l'air de s'ennuyer,
autant que les élèves du professeur *ridicule* s'amu-
saient.

Souvent aussi les chagrins ou les deuils de famille
empêchent les gens de se souvenir de leurs malheureux enfants. Il leur paraît légitime que la jeunesse
se taise sous le voile noir et cesse de jouer et de
sourire. Hélas! c'est humain et excusable, mais ce
n'est pas bon et c'est injuste. Que n'arrivez-vous
plutôt à sourire, même à travers les larmes, pour
mettre un peu de lumière dans l'âme de vos enfants?
Comment voulez-vous qu'ils aiment la vie, qu'ils
soient forts et vaillants si le matin déjà est assombri
et chargé de fardeaux? Il faut un peu de bonheur
au seuil des jours, pour avoir la force d'aller jusqu'au bout.

Donc, par amour et par prudence, il faut égayer
sa maison, encourager les enfants lorsqu'ils s'ingé-

nient à organiser des amusements, et, si possible, s'amuser avec eux. C'est ce qu'il y a encore de mieux. Je sais quelle joie profonde un enfant aimant peut éprouver, lorsqu'il voit un peu de bonne humeur sur le front du père et de la mère si souvent soucieux. On ne soupçonne pas ce qu'il y a de puissance moralisatrice dans une heure passée ensemble à rire de bon cœur.

*
* *

Je m'en voudrais d'oublier les fêtes de famille. Tous les jours sont égaux, prétendent les esprits forts : c'est archifaux. Les jours sont égaux pour les pendules, mais non pour le cœur de l'homme. Il y a des jours qui marquent dans la vie, comme les pics des montagnes marquent à l'horizon. Désignons-les par un signe spécial.

De tous les sanctuaires, le plus ancien et le plus vénérable est la famille. Il faut à ce sanctuaire, comme aux autres, ses fêtes, ses dates soulignées de rouge ou de noir. Les peines passées sont saintes. Mais ne permettons pas aux souvenirs tristes d'envahir toute l'existence. Les événements agréables doivent laisser une trace aussi, et leur commémoration fournir à la jeunesse l'occasion de s'égayer. En particulier, c'est une bonne habitude de célébrer les jours de naissance.

S'il y a dans la maison un grand-père ou une grand'mère, je réclame pour eux la première place.

Ils feignent, sans doute, par je ne sais quelle adorable coquetterie, de mépriser les hommages, surtout ceux leur rappelant qu'ils sont nés il y a fort longtemps. Mais, au fond, personne n'est plus sensible qu'eux aux témoignages de franche affection. Ce qui est vrai des grands-parents l'est naturellement des parents.

Il est facile, dans une maison, d'entraîner la jeunesse à célébrer les chers anciens. Et quand le pli est pris, il devient héréditaire et se confond avec l'esprit de famille, auquel il sert tour à tour d'organe et de nourriture.

L'approche des fêtes déjà est amusant. Comme il n'y a pas de vraie fête sans surprise, la maison se divise en deux camps : ceux qui sont dans le secret et ceux qui n'y sont pas. Les jeunes gens chuchotent, cachottent, complotent. Telle porte est condamnée. Tel tiroir, obstinément fermé, a des airs de sphinx auquel aucune puissance ne saurait arracher son secret. Or, il n'y a pas de distraction plus absorbante que d'être compris dans une machination secrète pour le plaisir d'autrui. Cela comporte toutes les émotions, toutes les péripéties émoustillantes d'une conjuration véritable, sans en avoir les sombres des ous. Cela met de l'intérêt dans la vie pour toute une série de jours et en même temps nous rend meilleurs. Le partage d'un secret mauvais agit comme le poison; celui des bons secrets, au contraire, agit à la façon des antiseptiques.

Mais voici le grand jour. Préparée discrètement,

la petite fête éclate comme un feu d'artifice. Les mystères se dévoilent, et, parmi ces mystères, il en est un que les organisateurs eux-mêmes ignoraient et qui, pourtant, est le principal et merveilleux secret des fêtes. Tout à coup, chacun s'aperçoit qu'il y a dans la maison un je ne sais quoi d'étrange et de très doux qui transforme les choses et les personnes, donne à tout une valeur imprévue. Ce sont les mêmes figures, les mêmes meubles, la même chambre, mais on les voit sous un autre jour. « Le toit s'égaie et rit. » Tous ses habitants vivent dans une communauté d'humeur bienveillante et heureuse. Un mouvement spontané emporte les cœurs vers la bonté communicative. De vieilles fautes sont pardonnées dans un sourire, de meilleures résolutions germent, on fait provision de courage, on se remet à espérer.

C'est un spectacle particulièrement touchant que de voir le plaisir installé dans l'appareil ordinaire du travail. Les livres ou les outils se reposent. L'effort a fait place au délassement. Mais ce délassement, avec sa gaîté et son bruit, n'est que la glorification du travail, auquel il emprunte son ressort. J'aime à voir, couronnée de fleurs, la table sur laquelle de graves pensées inclinent d'ordinaire le front, et que l'atelier austère résonne de chants et de rires. Quand il s'orne de bouquets ou de guirlandes, un secret tressaillement m'avertit qu'il se passe quelque chose de grand et de sacré.

On ne pourra jamais dire des fêtes de famille

tout le bien qu'elles méritent. Évidemment, la jeunesse doit avoir aussi les siennes. S'il est des jours où les enfants célèbrent les aïeux et les parents, où les vieux souvenirs s'éveillent, où d'antiques récits peuplent les mémoires, où les derniers venus cimentent leur union avec le passé, en s'amusant en son honneur, il est des jours aussi où les anciens doivent se mettre en fête en l'honneur des derniers venus. Les rôles changent ainsi, mais l'esprit est toujours le même. Une fête, pour un jour, fait d'un membre quelconque le centre de la famille. Il lui est démontré qu'il est quelqu'un de très intéressant et qu'on aime beaucoup. Roi d'un jour, il voit toute la maison entourer sa tête couronnée, mais cela ne le gâte pas. Le lendemain, en effet, il gravite, à son tour, autour d'un autre centre et obtient ainsi la révélation de la solidarité familiale : Tous pour un, un pour tous.

On peut donner à ces fêtes une forme quelconque, pourvu que l'âme y soit. Ceux qui s'imaginent qu'elles sont le privilège d'une certaine classe de la société, se trompent. Voici, en trois mots, ce qu'il faut, pour organiser les fêtes de famille rêvées : en premier lieu, *avoir travaillé*; en second lieu, avoir un peu de savoir-faire, de bonté et une certaine dose de bonne humeur, pour assaisonner le tout. Aucune de ces choses n'ayant une valeur marchande, il est inutile d'avoir de l'argent pour se les procurer.

Si les hommes savaient combien, avec peu de

chose, on peut égayer son prochain, surtout quand il est jeune et que la nature vient à votre secours, il n'y aurait pas tant de fronts tristes, d'intérieurs mornes, de foyers voués à l'écrasante banalité, et la joie purificatrice renaîtrait, puisée aux sources intarissables.

CHAPITRE XV

L'hospitalité.

Ne vous effrayez pas, madame ! L'hospitalité que je vous recommande de pratiquer n'est pas de celles qui entraînent des bouleversements domestiques ou de folles dépenses. Vous ne tarderez pas à vous en apercevoir. Au fond, voici ce que j'entends par l'hospitalité : l'hospitalité est une des formes les plus gracieuses de l'altruisme. Cet être collectif qu'on appelle la famille peut être animé d'un esprit égoïste ou d'un esprit fraternel. La famille égoïste constitue une forteresse hérissée, derrière laquelle on cultive l'intérêt particulier contre l'intérêt général. Ainsi constituée, elle considère l'étranger ou l'hôte comme l'ennemi. Les ponts-levis et les barrières s'abaissent-ils devant lui, soyez sûr que c'est pour le détrousser, l'exploiter s'il est humble, ou pour en obtenir des faveurs s'il est puissant. D'autres fois le home est le siège d'un égoïsme plus subtil. On n'en veut à personne et ne demande rien à personne, mais la crainte est perpétuelle que le doux nid familier, séjour des joies intimes et des douleurs sacrées, soit profané par ceux du dehors. Ce genre de disposition vous entraîne loin. A la fin quiconque pénètre chez vous est un gêneur. La famille ainsi comprise finit par ressembler à ces jolies maisons aux jalousies obstinément fermées. Même habitées, elles font l'impression d'être désertes. J'estime que la famille animée de cet esprit exclusif est une institution malfaisante, non seulement pour la société, mais pour ses propres membres. Il s'y amasse un air malsain, un air de renfermé, où toutes les moisissures pernicieuses, les tares et les vices se développent à foison. Au contraire, la lumière et la joie s'en vont. C'est dans l'intérêt des enfants que l'égoïsme féroce ou le soin jaloux du nid prétendent travailler, et c'est précisément sur les enfants, la jeunesse, que retombent lourdement toutes les conséquences de ce système déplorable. Le comble du genre, c'est ceci : un enfant unique, unique de par la volonté des parents, barricadé, calfeutré dans une famille fermée à tout et à tous, et qui, dans ce milieu qu'un amour horrible a constitué pour lui tout seul, finit par étouffer ou pourrir.

Aux antipodes de ce vilain esprit, se trouve l'esprit fraternel, qui engendre l'hospitalité. Ici la famille n'est pas fermée, elle est ouverte. Ouverte, non comme un pigeonnier ou un carrefour, dans lequel il y a place et passage pour tout venant; mais ouverte comme une citadelle à la fois accessible et bien gardée. L'homme a besoin de se mettre de temps à autre à la disposition de ses semblables, d'ouvrir ses bras et sa maison, de dire à des hôtes : Soyez les bienvenus, soyez chez vous ici! Qu'il offre de tout son cœur et accepte l'hospitalité. Si elle devait se perdre, avec sa générosité, son humeur accueillante et franche, une source de biens supérieurs se fermerait au milieu de nous. Recevons-nous les uns les autres simplement, cordialement. On a toujours des raisons de se voir, de parler ensemble de ses affaires et des affaires de la cité. Sortir de chez soi, coudoyer d'autres familles et d'autres destinées, c'est élargir ses vues, mettre en commun ses ressources morales, se réconforter, réconforter autrui. L'hospitalité arrive à réaliser des merveilles. C'est une des plus puissantes alliées pour l'éducation de la jeunesse. Peu importe quelle est votre position sociale, je vous engage, si vous avez des enfants, à recevoir chez vous les enfants d'autrui. L'homme est un être sociable, surtout dans sa jeunesse. Il vit volontiers par groupes. C'est seulement dans un milieu composé de jeunes gens, représentant à peu près toute la gamme des esprits et des tempéraments, que la vie se déploie normalement. Les caractères se forment par le frottement, souvent par le choc. L'intérêt, et un intérêt très vif, s'éveille sur des questions que les solitaires ne connaissent pas. Pour s'amuser, s'entraîner, se réjouir de certaines originalités de caractère, il faut être plusieurs. Qui de nous ne songe, avec un bonheur intense, à certains types de jeunes gens, avec lesquels il a vécu autrefois et dont la figure, la tournure d'esprit, étaient une source inépuisable de surprises et de gaîté! Mais si ces groupements de la jeunesse doivent se faire dans de bonnes conditions, que les parents s'en mêlent et s'y prêtent. Abandonnez l'instinct de sociabilité au hasard, il peut s'égarer dans les amitiés de rencontre et les compagnies malsaines. Comprimez-le, et vous produirez une jeunesse étiolée, sevrée de joies, aigrie. Il faut donc aider nos enfants à trouver des camarades. Je dirai plus loin pourquoi je désire que ces camarades appartiennent aux deux sexes. Les camarades une fois trouvés, recevons-les, accueillons-les. On n'a pas besoin d'être riche pour réunir simplement des jeunes gens qui ne demandent qu'à rire, et portent en eux-mêmes la matière dont se nourrira leur gaîté. La simplicité et le manque d'apparat, loin de gêner le plaisir, lui sont favorables. Je déplore l'habitude des réceptions dispendieuses. Elles sont forcément rares parce qu'elles coûtent cher, et froides, les pensées d'envie et d'amour-propre y tenant trop de place. Pour se réjouir franchement et savourer les fruits de la camaraderie, il faut se voir fréquemment et sans arrière-pensée.

*
* *

J'en arrive à un point qui me tient fort à cœur. Il s'agit de l'hospitalité exercée envers la jeunesse isolée. C'est fort bien d'inviter réciproquement vos enfants, et de leur fournir des occasions de se divertir. Mais, s'en tenir là serait impardonnable. Souvenez-vous des jeunes gens isolés, éloignés de leur famille ou que d'autres raisons, si nombreuses dans notre société, réduisent à la solitude. Rien n'est plus triste que de se trouver seul, un jour de fête par exemple, lorsque chacun cherche à se réunir avec ceux qu'il aime. L'homme fait des efforts désespérés pour combattre les mornes impressions qui résultent de l'isolement. Je sais de braves jeunes hommes qui ont accompli des prodiges dans cette lutte. Ils se sont appliqués à orner, à animer leur petite chambre, à la peupler de souvenirs, à s'en faire presque un foyer. Lorsque je franchis leur seuil, je me sens gagné de respect en face de ces isolés, dont l'habitation déjà, indique qu'ils ont une tenue morale. Mais, en même temps, ce qui leur manque m'apparaît clairement. Il leur manque un sourire et une caresse. Et les heures arrivent où le sentiment de ce que je n'hésite pas à appeler leur misère, devient si vif, qu'ils sont impuissants à le combattre. Alors viennent les pensées sombres, les tentations mauvaises. Des visages trompeurs nous font croire que tout ce qui nous manque existe là, tout près de nous : il n'y a qu'à le prendre. Les meilleurs succombent souvent dans ces moments. Rien ne démoralise comme l'abandon. Une fois que, pour lui échapper, nous avons pris certaines déterminations extrêmes, la vie entière peut s'en ressentir. Je demande donc que les foyers s'ouvrent largement aux isolés. De trop rares familles comprennent le bien qu'elles pourraient faire dans ce sens, sans autres frais qu'un peu de bonté et de clairvoyante attention. Ceux qui sont chaudement enveloppés d'affection et se réunissent autour de la lampe de famille, dans le délicieux abandon des causeries intimes, ne savent pas combien il est dur de vivre seul. Je leur refuse le droit de condamner la jeunesse que l'ennui et la solitude égarent. Mais je les accuse, eux, du mal dont ils se plaignent, parce qu'ils n'ont rien fait pour l'éviter.

On me demandera peut-être des renseignements sur la manière de s'y prendre, afin d'intéresser et de divertir la jeunesse.

Je répondrai : c'est plutôt une question d'esprit que de formules. Mes souvenirs de jeunesse sont très nets sur ce chapitre. Je me suis toujours trouvé le plus heureux, là où je sentais un peu de bonté vraie. Le décor extérieur, la table, les distractions, les jeux, tout l'ensemble de l'appareil matériel est beaucoup moins important qu'on ne le croit. L'essentiel est de se trouver dans une atmosphère qui dilate le cœur, de se sentir le bienvenu, de se trouver un peu chez soi. J'ai souvenir de braves et excellentes vieilles gens, qui invitaient chez eux, le dimanche, plusieurs étudiants. Ce qu'ils offraient était d'une simplicité antique ; mais ils étaient si avenants, riaient de si bon cœur, s'informaient des menus faits de votre existence avec un soin si paternel, et vous mettaient si bien à l'aise, qu'on s'y amusait divinement.

Je me rappelle, au contraire, des soirées passées chez certains bourgeois infatués, qui invitaient l'étudiant *pour le dégrossir* ou le *sermonner*, et je n'oublierai jamais le degré incroyable d'ennui auquel ce genre de réunions atteignait. En sortant de là on criait : ouf! il n'y avait qu'une voix pour dire : on ne m'y repincera plus!

Je dirai donc à tous ceux qui m'auraient compris : Ne vous mettez pas en peine des moyens à employer pour divertir la jeunesse, ni de la grandeur de votre habitation, ni du menu de votre dîner. Ouvrez vos maisons et vos cœurs, soyez aimables seulement. Le désir d'être utiles vous rendra inventifs, et vous verrez venir à votre secours la puissance mystérieuse qui fait bondir les jeunes poulains par les prairies, gazouiller les oiseaux dans les branches et qui, sitôt l'occasion offerte à la jeunesse, amène toute seule le rire et le chanter.

*
* *

Je demande à placer ici quelques remarques sur les distractions offertes en commun à la jeunesse masculine et, la jeunesse féminine. — On objecte les mœurs françaises à ceux qui parlent de faire fraterniser les deux sexes. L'objection est sérieuse, je l'avoue. Nos habitudes, nos préjugés, notre éducation, sont autant d'obstacles à la réalisation de ce vœu. Il est certain que, pour organiser quelque chose de nouveau dans ce domaine, il ne faut pas s'être momifié dans les usages reçus et les ornières tracées. La peur vous prendrait, hors de la région des conventions et des garde-fous accoutumés. Je ne conseillerai pas non plus les chemins nouveaux à ceux qui sont trop sensibles aux jugements du monde. Ils seraient trop malheureux. Il est plus mal porté, chacun le sait, de s'affranchir d'un usage, même absurde, que de manquer à une loi sainte. Un bel accroc fait à la morale peut vous faire passer pour un esprit fort ; un accroc fait aux règles de la mode risque de vous attirer le titre de maladroit ou de rustre.

Dans un certain monde qui s'étend plus loin qu'on ne pense, un ordre de la conscience devra toujours céder le pas à ce petit mot magique : cela ne se fait pas.

Toutefois je dirai à ceux qui ne craignent pas les horions et les railleries : Qu'aurait-on fait de bon, de juste, de vrai, de magnanime dans le monde, en prenant pour règle de toujours respecter ce petit veto tyrannique : ça ne se fait pas ? — Il y a des jours où il faut s'insurger. Cela ne veut pas dire qu'afin de réussir dans le domaine spécial, proposé aux activités entreprenantes, il suffise d'être audacieux. Il faut ici, je le sais par expérience, encore plus de prudence que d'audace. Je ne conseille donc pas de rompre en visière à tout ce qui existe, pour instituer, du jour au lendemain, des fêtes où vos

filles et vos fils se mêleront en camarades, comme
s'il en avait été ainsi depuis le commencement du
monde. L'apprentissage est nécessaire partout, et
ici comme ailleurs il faut commencer en petit. Que
les parents commencent!

Vous avez des fils et des filles, invitez leurs
amis et leurs amies, connaissez-les préalablement
et livrez-leur votre maison sous vos yeux.

La première fois ils seront peut-être un peu
gauches. Persévérez. Donnez-leur des occasions
nouvelles de se rencontrer, et sans avoir l'air de
régler leur programme de divertissements, four-
nissez-leur des idées. Surtout s'il y a une vieille
grand'mère dans la maison, ne pensez pas que ce
jour-là sa place soit dans un coin retiré du logis.
Aujourd'hui, c'est auprès des anciens qu'il faut souvent chercher le secret de la gaieté. Nulle part on
ne danse mieux que sous les vieux tilleuls, ou les
grands chênes paternels. Ils étendent sur la jeunesse en fête des bras protecteurs; ainsi la gaieté
de vos enfants éclora plus fraîche et plus vive sous
le sourire de la vieillesse indulgente.

Je ne rêve pas en écrivant ceci. Je me souviens,
et je me dis que ce qui a existé, ce qui existe encore
dans maintes familles sur cette vieille terre de
France, pourrait bien se répandre pour le plus grand
bien de tous. Je ne vous cacherai pas cependant que
les papas et les mamans, parvenus à créer pour
leurs enfants des distractions communes, ont beaucoup payé de leur personne. Non seulement il

faut être hospitalier, bienveillant à la jeunesse, oublieux de soi-même; il faut encore être vigilant et perspicace, tout voir et tout savoir sans qu'il y paraisse. Mais lorsque vous aurez pris toute cette peine, vous en serez largement récompensé par le bonheur que vous aurez procuré aux autres. La plupart des gens n'ont aucune idée de la richesse inépuisable de vie, de plaisir, de générosité, d'entrain qui se développe dans la jeunesse, quand on la réunit dans des conditions normales. En l'état actuel de la société, nos jeunes gens et nos jeunes filles sont inutiles les uns aux autres, pendant les plus belles années de leur existence. Ils ont en eux des qualités qui s'atrophient, faute de soins, ou même se transforment en défauts. Je connais une foule de jeunes gens pessimistes, rongés d'intellectualisme, auxquels il ne manquerait que le contact habituel avec un milieu comme ceux que je désire voir naître. Ils auraient vite fait de se réconcilier avec la vie et de se brouiller avec l'analyse.

Et que manque-t-il à nos jeunes filles dans leur existence un peu terne et vide, si ce n'est le contact d'une jeunesse laborieuse, pleine de préoccupations d'avenir, livrée aux fortes études? Nos jeunes filles, me direz-vous, n'étudient que trop, et beaucoup souffrent déjà de cette éducation presque masculine. Je vous répondrai qu'il n'y a rien de tel pour faire éclore les qualités féminines et corriger les travers dont vous vous plaignez, que de réunir la jeunesse des deux sexes. La femme se réveillera alors, soyez-en sûrs.

On nous fait deux sortes d'objections lorsque nous proposons d'offrir ces distractions communes. La première objection nous étonne. Nous exposerions, semble-t-on croire, les jeunes filles aux pires dangers, en leur permettant de rire et de jouer avec la jeunesse masculine de leur âge.

La meilleure façon d'habituer l'homme au respect de la femme est de le mettre en contact avec des femmes respectables. Et quant à la jeune fille, c'est une erreur de croire qu'elle apprend d'autant mieux à se garder qu'elle est plus isolée. Les gens qui risquent le plus de se noyer ne sont pas ceux qu'on a familiarisés avec l'eau, croyez-le bien. Ce ne sont pas non plus les habitués du grand air, qui prennent le plus facilement des rhumes et des fluxions de poitrine. L'impureté du cœur, soyez-en bien persuadés, n'a pas de milieu plus favorable pour se développer, que l'isolement et la réclusion. C'est là que germent et pullulent les microbes malsains qu'un peu d'air pur et de liberté dissiperaient.

La seconde objection, c'est que de ce contact familier de jeunes gens tout à la joie et au plaisir de se voir, pourraient naître des sentiments plus tendres, de l'amour peut-être! Des unions se prépareraient où les convenances, la situation, la prudence qui doit présider aux affaires graves, n'auraient pas été suffisamment observées. Et les parents regretteraient, trop tard, hélas! d'avoir adopté des distractions aux conséquences si sérieuses. A cela je répondrai : le danger de se mal marier existe toujours, même dans les unions où tout semble prévu et calculé. Ce danger existe surtout pour les jeunes filles, habituellement élevées en cage, condamnées à l'obsession du mariage et exposées à voir dans le premier jeune homme venu, auquel on leur permet de parler, un mari possible ou probable. Ce danger existe encore dans la plupart des cas, où le mariage naît d'une rencontre fortuite et s'improvise en quelques semaines, entre personnes ne se connaissant pas. Il y a donc plutôt lieu de penser qu'une fréquentation plus assidue entre la jeunesse des deux sexes diminuerait le nombre des unions malheureuses. Ces enfants apprendraient à juger et à comparer. Leur nombre même et leur mélange les empêcheraient de contracter facilement des liaisons trop personnelles et trop exclusives. Ils vivraient plutôt dans la région sereine des sourires aimables et des petites flammes qui rendent le cœur joyeux, bon, généreux, que dans la région des sentiments violents, définitifs. En un mot, ils goûteraient ce que la jeunesse a de plus pur et de plus radieux, et j'ajoute, de plus moralisateur.

Mais, si de toute cette fleur d'avril il devait néanmoins, par la suite, demeurer un fruit durable, un peu d'amour vrai, où en serait l'inconvénient? En sommes-nous donc si comblés? Souffrons-nous de trop d'amour? Faut-il donc se préoccuper avant tout de l'empêcher, de le gêner, de le diminuer? Hélas! le monde se meurt, parce que l'amour est devenu parmi nous un inconnu. Il a trop d'ennemis. Trop d'obstacles s'opposent à sa naissance et, quand il est né, trop de causes conspirent à sa perte. Et je ne sais de quoi cette société souffre le plus : de surabondance de corruption ou de disette d'amour. Nous n'avons pas, pour nous consoler de tant d'ardeurs impures qui consument notre jeunesse, assez de feu sacré, de forte et fidèle passion. Et si jamais le résultat de mes conseils était d'allumer quelques beaux foyers de véritable amour, même au détriment de certains intérêts trop bourgeois, je me frotterais les mains, comme le jardinier parvenu à faire fleurir les roses à la place des chardons et des orties.

CHAPITRE XVI

La bonne humeur en famille.

Avez-vous remarqué que la bonne humeur est souvent une denrée d'exportation? Et quand elle a été distribuée, placée un peu partout, il n'en reste plus pour la consommation intérieure. Telle personne a en société une réputation de belle humeur. Elle déride, distrait, réconforte tout le monde; mais elle n'exerce pas ce même office dans son milieu familial. A quoi cela peut-il tenir? A plusieurs causes sans doute.

Certains esprits ont besoin, pour s'éclairer et jeter leur lumière, d'être excités par la nouveauté des impressions, la présence d'interlocuteurs engageants. Leur entourage domestique ne leur produit pas cet effet. Alors ils restent ternes, muets.

Il n'y a rien là que de très compréhensible.

D'autres sont causeurs, pleins d'intérêt; mais ils connaissent seulement un nombre limité d'histoires. Leurs anecdotes, leurs vues sur les hommes et les choses sont archiconnues à la maison. On le leur a peut-être fait sentir et cela leur a coupé la parole. Ils méditent en silence le vieux proverbe : « Nul n'est prophète chez lui. »

Un troisième est très cabotin et ne se met point en frais dans son intérieur. Il lui faut une galerie, des succès à remporter. Mauvais cas que le sien !

En voici un autre très commun et fâcheux, quoique facilement explicable. Expliquer, je le veux bien, n'est pas acquitter. Mais cela enlève aux faits une partie de ce qu'ils ont d'irritant. Faisons paraître le prévenu.

On vous trouve, monsieur, plus souvent qu'à votre tour, sombre, agacé, d'un abord pénible, lorsque vous rentrez de votre travail ou de vos courses. Vous êtes avare de détails sur tout ce que vous avez pu voir et entendre. Même par le beau temps, vous rapportez au domicile une mine de jour de pluie.

Justifiez-vous, monsieur... Vous baissez la tête et ne dites rien. Je vais parler pour vous.

Lorsque vous rentrez vous êtes las, harassé. Vous avez dépensé votre provision de bonne volonté et de patience. On a fait de tels appels à votre bonté, à votre énergie qu'on vous a vidé comme un sac... Est-ce vrai cela ?... Et vous avez peut-être fait de fâcheuses rencontres, subi des procédés pénibles, des contestations d'intérêts, des discussions politiques ou religieuses. Tout cela vous met, pour l'heure, dans un assez triste état. Vous vous attendez à trouver au logis le repos, un accueil empressé, souriant, une femme aimable et des enfants gracieux. Qui vous en blâmerait? Mais voilà. En votre absence tout ce monde s'est dépensé aussi. On a peiné, fait de son mieux sans toujours y réussir. Les enfants se sont querellés. Il s'est passé des choses qu'il faut que vous sachiez. Bref, cela cloche en plusieurs endroits. On vous attendait afin de remettre tout en état, de rétablir l'équilibre, de ramener la paix et le contentement dans les esprits. Résumé : Vous rentrez ici pour trouver un peu de sérénité. Ici on vivait dans l'espoir que vous en rapporteriez. Et c'est comme dans les pique-niques. Arrivés au rendez-vous, les convives déballent leurs paquets.

« Avez-vous du sel?

— Non, je pensais que vous en auriez.

— Quelqu'un a-t-il songé au vinaigre !

— Non, c'est sur vous que l'on comptait pour cela. »

C'est regrettable, ce n'est pas étonnant. Je ne dis pas qu'il n'y ait là aucun sujet de se plaindre. Mais il faut être raisonnable, n'accuser personne, chercher ensemble un remède et faire appel à soi-même plus qu'aux autres.

Au fond, cette question de la bonne humeur en famille est très importante. Elle nous invite à faire souvent notre examen de conscience. La négliger c'est tomber dans le laisser-aller, l'indifférence, le mauvais ton.

Vous essuyez vos meubles, autrement la poussière finirait par les ternir et les entamer. Croyez-le, il est nécessaire aussi de veiller à votre humeur, de lui rendre du brillant, de la décrasser. Tous les jours nous sommes menacés par un mal subtil semblable à ceux qui atteignent les feuilles de la vigne, les dessèchent et les corrodent. Gare à la mauvaise humeur, ce mildew des âmes! Il est essentiellement contagieux.

Des parents il se transmet aux enfants, à tout le personnel. J'ai même vu un perroquet contracter la maladie. Il savait une foule de choses très amusantes. Au bout de deux ans de séjour dans une maison acariâtre, il avait tout oublié et répétait toute la journée : *Je suis en colère, je suis en colère!*

La jeunesse ne prend pas assez garde à son humeur. Elle a moins de graves soucis, moins de raisons de s'assombrir, que l'âge mûr ou la vieillesse. Mais le manque d'habitude dans le gouvernement d'elle-même lui fait attacher une grande importance à ses accès de bouderie ou de mauvaise humeur. Elle s'y drape en quelque sorte, comme dans une royauté morne et dédaigneuse. *Je suis de mauvaise humeur aujourd'hui!* Quantité de jeunes seigneurs ou princesses croient avoir tout dit quand ils ont dit cela. Du haut de leur vilain cheval noir ils défient les humbles mortels. Rien ne les rend si grands que la mauvaise humeur.

Il faut de bonne heure s'habituer à considérer ce genre de grandeur comme fort douteux et même ridicule. En voyant l'ouvrage que ce pénible esprit fait au foyer domestique et partout, on est plus disposé à porter ailleurs ses hommages.

Qu'un peu d'humeur bonne et joviale est donc bienfaisante dans le monde où nous sommes! La bonne humeur est une des formes les plus gracieuses de la bonté. Puisque la terre est pleine de misères petites et grandes, et que l'homme notre compagnon en a le cœur étreint mêlons un peu de sourire à cette ombre. Cela corrige bien des travers, aplanit bien des difficultés. Toutes les relations en sont influencées. La bonne humeur est une force. C'est une victoire remportée sur le fait brutal et sur notre propre cœur. Elle transforme le monde. Elle est contagieuse, elle aussi, mais d'une contagion heureuse. Bien souvent elle est récompensée par l'écho qu'elle parvient à éveiller. Sans doute, il y a des êtres qui vous la font perdre malgré tout. Mais plaignons-les ceux-là. Comme cela doit être triste d'être hargneux ou enragé! Souvenons-nous de cela, si nous avons jamais affaire à un de ces malheureux, qui feraient tourner la bile à un agneau, ou amèneraient une huître à discuter.

Au fond peu d'êtres résistent, à la longue, à la bonne humeur. L'homme, en général, prend le ton de celui qui l'aborde. Il grogne avec ceux qui grognent et sourit à ceux qui lui sourient.

Dans la même journée je rencontrai deux personnes qui cherchaient des appartements sur un boulevard. L'une s'écriait : « Mon Dieu, comme les concierges sont donc déplaisants dans ce quartier-ci ! » L'autre disait : « Quelles bonnes gens, pleins de prévenance et de politesse, on trouve parmi ces concierges ! »

Évidemment ces deux personnes avaient deux façons tout à fait différentes de « parler au concierge ». Il n'y a pas dans les loges, plus qu'ailleurs, abondance de philosophes stoïques, calmes, inaccessibles aux émotions ordinaires. La tête qu'ils vous font dépend un peu de celle que vous leur montrez.

La bonne humeur fait tous les jours des miracles. Vous dites : « Cet être est insupportable ; impossible d'en faire façon. » Elle vous répond : « Mais non, je le trouve convenable, gentil même. »

J'ai connu un vieillard atteint d'une maladie de l'estomac. Il était terrible de pessimisme et de paroles mordantes. Personne ne pouvait subsister près de lui. Mais voilà. En général on subissait l'influence de son humeur en s'approchant de lui et on le traitait selon la loi du talion, ce qui l'exaspérait. Il se trouva cependant quelqu'un, non pour le dompter, car il eût fallu guérir son mal, mais pour le calmer, le soulager. Une figure bienveillante et souriante avec une longue patience, il ne fallut pas autre chose. Le pauvre homme en était si reconnaissant ! Je lui ai entendu dire ceci à sa bienfaitrice : « Oh, merci ! j'avais fini par me croire un méchant. Ton bon sourire si peu mérité me prouve que je ne le suis pas, mais seulement un pauvre malheureux. »

Dans les difficultés de caractère, au sein des désagréments de toute nature, en éducation, en affaires, partout, un peu de bonne humeur est un auxiliaire précieux.

Je la mets au rang des vertus. Et c'est même plutôt un bouquet de vertus. Car il y a des jours où pour être de bonne humeur il ne faut rien moins qu'une confiance entière en Dieu, un grand amour des hommes et, en sus, de l'énergie, de l'à-propos, voire un peu de fine malice.

J'accorde que la bonne humeur soit moins grande dame que les vertus cardinales; pourtant que seraient-elles toutes ensemble sans ce rayon qui illumine leur front? Vous représentez-vous des saints et des saintes enveloppées de mauvaise humeur? Pour ma part je ne les eusse pas canonisés. Sourire de bonté, gaîté secourable comme tu éclaires la route des mortels! Tu as le secret du pardon, de l'encouragement. Tu combles les distances, tu fonds les glaces, tu fais éclore une fleur dans les coins désolés. Comme je te sais gré de nous dérider quelquefois et de nous communiquer ton charme? En vérité tu n'es pas seulement exquis tous les jours de la vie, tu es bon et bienfaisant jusqu'à la fin, tu éclaires la mort : je t'aime pour ce que tu as d'immortel!

CHAPITRE XVII

Les relations, les amis. — Nos amis les pauvres.

Les relations sont indiquées par les liens de famille, les rapports d'intérêt et de travail, l'analogie des goûts. En général elles se créent dans des milieux rapprochés et c'est bien ainsi. Se mêler à des familles de condition trop différente n'est pas sans inconvénient. Il ne faut pas se hausser à fréquenter les gros bourgeois, les seigneurs, les demi-dieux, tirer vanité de ses entrées chez eux et déserter ses égaux. A la longue à trop approcher des grandeurs, vous referiez l'expérience du pot de fer et du pot de terre cheminant ensemble, ou celle des pauvres papillons de nuit qui vont se brûler les ailes aux lustres éclatants. Nous sommes tous égaux devant la loi, la conscience et Dieu. Mais il est sage, dans ses relations ordinaires, de rester parmi ses pareils. Cela dit sans exagération. Je ne suis pas pour la classification rigoureuse et pédante.

Rien n'est plus sot que la morgue et l'esprit de caste. Il m'a toujours paru singulièrement choquant de voir les hommes se fréquenter ou s'exclure selon l'importance de leur fortune, l'antiquité de leurs titres, la hauteur de leur grade et tant d'autres signes factices. Mais autre chose est d'avoir un esprit de solidarité et de bienveillance envers les classes et les fonctions les plus diverses, autre chose est de choisir ses relations courantes. Pour se voir, se recevoir, se comprendre, faire bon ménage entre amis, il faut se rechercher entre gens de même espèce. En fréquentant trop haut, que de familles se sont appauvries! Elles ont été jetées hors de la voie simple et sûre en voulant soutenir, à côté d'amis trop puissants, un rôle au-dessus de leurs moyens. Leur travail négligé, leur avoir compromis, leurs enfants perdus par les mirages, voilà les fruits de leur imprudente ambition.

Les relations amicales et familières sont un des soutiens et des charmes de la vie. Quelques-uns les fuient. L'ami pour eux c'est un intrus, un suspect, quelqu'un qui entre chez nous pour y chercher son intérêt. Moins on en a, mieux cela vaut. Oh! les amis! entendez-vous dire souvent. Sans eux nous eussions vécu tranquilles. Ils ont amené le trouble dans la maison, donné de mauvais exemples aux enfants, vidé notre bourse, colporté nos secrets partout. Des amis, il n'en faut pas!

Certes, quelquefois ces plaintes sont légitimes. Il y a une multitude de faux amis, d'amis mala-

droits, compromettants, dangereux, auprès desquels il y a, pour nous et les nôtres, plus à perdre
qu'à gagner et je ne m'étonne pas que les blessés de
la vie lorsque vous demandez : « D'où vient le mal
dont vous souffrez? » répondent souvent : « Ce sont
des amis qui m'ont frappé. » Je ne conseillerai à personne de se lier trop aisément, de rendre trop facile
l'accès de sa maison. La confiance n'est bonne qu'à
condition d'avoir des limites.

Et pourtant je ne vois guère le Foyer retranché
dans son isolement. N'avoir pas d'amis est un
témoignage d'insuffisance pour un ensemble familial aussi bien que pour l'individu. Une maison sans
amis, sans relations, à qui personne ne témoignerait
de sympathie et qui n'en témoignerait à personne,
ne pourrait être que morne, privée de joie. Il est rare
que celui qui n'a pas su se créer d'amitiés ailleurs,
soit très tendre et très sociable chez lui. C'est un
ours. Le bonheur des ours entre eux ne me fait
pas envie. Admettons même qu'un intérieur absolument isolé, calfeutré contre toute relation, soit
lumineux, chaud, heureux. Je déclare que malgré
tout cela ce n'est qu'un cloaque d'égoïsme.

*
* *

Mais aux relations ordinaires cultivées pour le
plaisir de se coudoyer, de se parler, de se communiquer ses impressions et ses expériences, je viens
proposer un complément trop peu connu.

Parlons de nos amis les pauvres. Si le danger de fréquenter au-dessus de soi est fort recherché, je vois cultiver infiniment moins les relations en sens opposé. Elles devraient exister cependant sur une large échelle, si notre cœur parlait assez haut. Ne me dites pas que je viens pousser à des rencontres aussi disparates que celles déconseillées il n'y a qu'un instant. Ce serait méconnaître mon dessein. Le voici : il se défendra tout seul.

Chaque famille, modeste ou aisée, mais ayant de quoi vivre, doit chercher à se créer des relations personnelles, avec une ou plusieurs familles malheureuses. Cela est plus facile dans les petits centres, plus difficile dans les grands; mais plus nécessaire aussi. Nos villes modernes ont subi une sorte de groupement topographique. Nous avons les quartiers riches et les quartiers pauvres. Ici, il est rare de voir passer une personne bien vêtue, ailleurs on ne rencontre presque pas de pauvres gens, si ce n'est de ceux qui tendent la main et, la plupart du temps, ne sont pas authentiques. La distance entre ceux qui manquent du nécessaire et ceux qui en sont pourvus est par elle-même grande et regrettable. Elle s'accentue et s'aggrave par cette démarcation matérielle. Notre devoir est d'y remédier dans l'intérêt général.

Certes les efforts ne manquent pas dans ce sens. Notre pays en a fait de considérables. Mais ils gardent un cachet trop administratif. Qui dit administration dit mécanisme, qui dit mécanisme dit rou-

tine et abus. A travers une série de règlements, de
fonctionnaires, d'institutions, les dons que vous faites
aux pauvres se refroidissent et se perdent, comme
la chaleur se perd à circuler trop longtemps à travers des conduits trop compliqués. Il arrive ainsi
que dans notre société, où il se dépense plus du
nécessaire pour entretenir nos frères déshérités,
quelques-uns vivent de privation ou meurent de
faim. Le pauvre a deux ennemis : le mercenaire
chargé administrativement de le soigner, et le faux
pauvre. En cultivant des relations directes vous
supprimez le mercenaire et vous démasquez le faux
pauvre. Il n'y a tel qu'un fonctionnaire routinier
pour accorder à un pauvre astucieux, sale, vicieux,
ce qu'il refuserait à un pauvre honnête, peu rou-
blard, propre, tempérant et raccommodé. C'est là
un fait universel et scandaleux. Des rapports quelque
peu suivis ne vous laisseraient aucun doute sur le
mérite vrai de ceux que vous soutenez.

Allons aux pauvres donc, si nous voulons que
nos intentions et nos dons parviennent jusqu'à eux.

Ne me dites pas : c'est impossible, je n'en ai pas
le temps, je ne sais pas leur parler. On manque de
temps pour les choses secondaires, on ne manque
pas de temps pour celles de première nécessité.
Celle-ci est du nombre. Quant aux paroles, elles
naissent des circonstances et de la puissance des
sentiments. Sur le terrain elles vous viendront.

La pauvreté, la vraie, la pauvreté innocente des
fardeaux qu'elle porte et des maux qu'elle endure ;

la pauvreté sur qui repose le faix de nos imperfec-
tions sociales, de nos vices, de nos crimes, de ta
vie à toi et de la mienne, cette pauvreté-là est un
vaste continent inexploré, une terre sauvage en
plein monde civilisé. Que ce monde soit inconnu,
voilà son danger et voilà notre honte. Connu par
nous, aimé, il perdrait à la fois son horreur et son
caractère menaçant.

Mais comment faire pour connaître des pauvres?
— Il faut le désirer, voilà tout. Vous arrivez à vous
faire recevoir chez les ministres, les chefs d'État,
chez le pape, dans des milieux fermés vers lesquels
on ne se fraie un chemin qu'à force de protections
et de mots de passe. Les pauvres n'ont ni anti-
chambre ni garde de corps; à toute heure du jour
et de la nuit la misère reçoit. Je vous dirai même
qu'elle vous attend. Suivez chez lui le premier
enfant loqueteux de la rue, la première femme souf-
freteuse et malade, surtout s'ils ne vous ont rien
demandé, car de ceux qui demandent il convient
de se méfier. Dans une heure, si vous le voulez,
vous serez au cœur de la place.

Si cette méthode dépasse votre courage, si l'imprévu vous fait peur, voici un autre procédé. Prenez
n'importe quel objet de lingerie, d'habillement.
Faites-vous-en raconter l'histoire par vos fournisseurs. Achetez, très bon marché, des tabliers pour
vos enfants, des taies d'oreiller, des mouchoirs ou
des jouets. Faites votre petite enquête sur leur
provenance, jusqu'à ce que vous ayez retrouvé la

première main. Vous aurez bientôt rencontré des travailleurs, des femmes et des jeunes filles qui meurent de faim tout en tirant l'aiguille ou en collant du carton, du matin au soir. Remontez aux sources d'où viennent presque tous les objets qui constituent notre mobilier et notre nourritur . Là encore vous trouverez du monde qui vous attend.

Une fois reçu, admis, étudiez ce qui est sous vos yeux. Revenez de temps en temps, suivez, causez, pénétrez dans le fond. Quand on ne les connaît pas, les pauvres gens se ressemblent tous. Mais il faut se donner la peine de les étudier de plus près. Vous creuserez donc. Vous saurez le passé, l'histoire, les luttes, les deuils, la vie enfin. Sous le pauvre vous trouverez l'homme, un homme exactement semblable à vous, ayant encore plus besoin d'un peu de tendresse que de pain. Une fois arrivé là, vous ne vous arrêterez plus, vous aurez fait la découverte d'un monde. C'est une école perpétuelle que de voir vivre les familles malheureuses. Les moindres détails sont intéressants : le menu, le couchage, l'habillement, les relations familiales. Vous ferez d'étranges découvertes sur l'éducation des enfants, le sort des vieux, le martyre des femmes. Aucun livre, aucune peinture ne vous dévoilerait ce que vous verrez là de vos yeux. Allez-y. Faites mieux, prenez-en votre part. Et vous verrez alors combien de choses vous pourrez tenter pour ces frères, et qu'il est bien préférable de les connaître soi-même plutôt que de leur adresser une libéralité anonyme. Vous serez même souvent surpris du peu qu'il faut pour donner un peu de joie.

Entre mille, écoutez cette histoire :

Un pauvre vieil homme se mourait dans un faubourg. Près de là demeurait une jeune dame, qu'il avait souvent vue, lorsque infirme il s'asseyait au pas de la porte. Elle avait une figure douce, souriante, saluait le vieillard en passant, lui envoyait quelquefois un petit repas et un jour lui avait offert un bouquet de fleurs. Aussi le pauvre homme lui avait-il voué dans son cœur une adoration véritable. Près de sa fin il la demanda. Elle vint : « Que puis-je faire pour vous? dit-elle. — Vous asseoir là simplement, un moment. J'éprouve tant de bien à vous voir. Ne me plaignez pas, ne me regardez pas tristement, ayez votre bonne figure de toujours. Il me semble après cela que je m'en irai plus doucement [1]. »

*
* *

Mais je vous parle de ce que vous donnez aux pauvres. N'oubliez pas ce que vous en rapportez.

Près d'eux vous apprenez à vivre et à vous contenter. Nous sommes habitués aux longues prévisions, aux espérances d'avenir, aux craintes perspicaces. Nous asseoir près de ceux qui n'ont pas d'avenir et qui vivent à peine au jour le jour, nous

---

1. Voir C. Wagner, *l'Évangile et la Vie*, discours n° 4.

est une grande leçon. Vous vous demandez : Que mangerons-nous ? que boirons-nous ? Quelle carrière suivront nos fils ? Quelle dot auront nos filles ? Cela vous touche que la rente monte ou descende. Ceux-ci n'ont pas de rentes, ils ne donneront rien à leurs fils ni à leurs filles et il faut qu'ils vivent néanmoins. Les jours où ils ne souffrent ni du froid ni de la faim, ils se contentent pour eux et leur famille. Oserez-vous vous plaindre après les avoir vus ?

Je vous engage à les fréquenter lorsque vous aurez des peines. La vie nous fait traverser des périodes où les relations mondaines deviennent insupportables. Il s'en dégage une telle impression de vide que l'âme en est comme épouvantée. A ces heures-là, prenez le chemin des humbles demeures où les passions et les engouements du jour sont inconnus. Si vous êtes frappé par la mort, allez rechercher des blessés qui vous ressemblent. Veuve, allez voir d'autres veuves ; parents qui pleurez un enfant, allez voir des parents pleurant aussi. Votre sympathie leur fera du bien et vous ferez, en souffrant près d'eux, des retours salutaires sur vous-mêmes. Ils vous diront des paroles simples qui vont au cœur. En sortant de là vous y verrez plus clair dans votre propre destinée. Dieu a mis une puissance consolatrice dans la communion des peines.

Le contact avec ceux à qui la vie a été particulièrement dure est utile à d'autres égards ; il est indispensable, disons-le. En le fuyant, vous manqueriez une des meilleures occasions de vous sauver de certaines misères, inhérentes aux situations sociales plus aisées. Nous sommes tous exposés à devenir les esclaves de notre milieu, à nous y ensevelir lentement sous les habitudes et les banalités. Chaque excursion dans une région différente produit l'effet d'un changement d'air. La plupart des gens se figurent que les pauvres croupissent dans l'ignorance, l'abrutissement, l'apathie. Je ne nierai pas qu'aux plus bas degrés du dénuement, l'homme ne soit écrasé par les souffrances trop longues et trop cruelles et si le vice accompagne la pauvreté, le spectacle devient tout à fait hideux. Ces cas toutefois sont exceptionnels. Beaucoup plus souvent qu'on ne pense il se rencontre des pauvres éduqués par la douleur. Non seulement ils ont souffert : ils ont réfléchi. Qu'une fréquentation familière éveille leur confiance et ils vous diront ces confessions intimes, que chacun de nous réserve aux seuls amis sûrs. Vous serez très surpris, ce jour-là, de voir ce que l'âme d'un malheureux peut renfermer de trésors. Les pauvres ont besoin de nous, nous avons encore plus besoin d'eux.

C'est une triste vie de famille que celle où ne se remarque pas le souci des pauvres, où leur place n'est pas marquée. Il faut un degré d'endurcissement extraordinaire, pour aimer les siens et ne pas se laisser guider par cet attachement même, vers une sympathie plus large. Si vos petits-enfants, dans la santé comme dans la maladie, ne vous rappellent pas l'enfance déshéritée et ne plaident pas sa cause devant vous, je dois en conclure que vous les aimez mal.

Le foyer ne doit pas être oublieux, méprisant, dur; mais libéral, accueillant, affable. Que jamais n'y soit déserte la place où la bonté vient s'asseoir. Que les souffrances du dehors y trouvent un écho, et que l'herbe ne pousse pas sur le chemin conduisant de nos demeures vers celles de nos amis les pauvres. C'est un des chemins de la terre où l'on a le plus d'espoir de rencontrer la paix.

CHAPITRE XVIII

Quand les oiseaux quittent le nid.

Jusqu'ici nous avons parlé de la famille comme d'une couvée chaudement abritée. Mais chacun sait que lorsque les ailes leur ont poussé, les oiseaux quittent le nid. Il ne saurait en être autrement. Les ailes ne poussent pas pour rester fermées, confinées sur un arbre familier ou dans le rayon d'une prairie et d'un champ. Elles sont créées afin de se déployer, de s'élancer dans les airs, de s'envoler vers d'autres cieux. Dans la société des oiseaux la séparation paraît en général s'accomplir le plus facilement du monde. Lorsque la velléité de voler de leurs propres ailes n'anime pas suffisamment les jeunes oisillons, leurs anciens les chassent du logis à coups de bec, refusent de leur chercher de la nourriture, ou les lâchent sans autre forme de procès. Après cela il faut bien que les jeunes se débrouillent tout seuls. De leur côté, les vieux convolent en noces nouvelles, se refont un nid et une famille et, de saison en saison, oublient le passé.

Dans la société des hommes il en va autrement. On n'a qu'une famille et elle dure pour la vie; mais la douce union ne dure pas toujours. Autrefois, dans les siècles reculés surtout, elle résistait aux années. Vivre les uns près des autres c'était la règle. Mais le monde moderne, avec ses exigences pratiques et sa mobilité, conspire contre nous. Il nous prend nos enfants. Par la force des choses, ils quittent la maison un à un, d'une façon provisoire d'abord, définitive ensuite. Le foyer se dépeuple, la table se dégarnit, la solitude arrive. On s'estimerait heureux, à la fin, de garder un seul enfant près de soi. Et cela même n'est pas toujours possible.

Voilà une des faces les plus mélancoliques de la destinée humaine. Je comprends qu'on s'en défende par tous moyens, il est naturel de dire : ne nous quittons jamais, restons ensemble!

Mais avec cette horreur de la séparation, où irions-nous? Nous irions tout droit au marasme, à l'éternel piétiment sur place : la famille perdrait sa raison d'être, l'éducation son fruit. Il y a un temps pour tout. Un temps pour s'imprégner de l'esprit et des traditions domestiques, un temps pour aller porter au dehors ce qu'on a appris au foyer. Nous élevons nos enfants pour la vie. S'ils doivent bien y tenir leur rang, il faut qu'ils agrandissent leur horizon et voient le monde.

*
* *

A considérer combien nous avons de peine à quitter le nid, ceux-là semblent avoir raison qui dès l'âge le plus tendre habituent l'enfant à vivre loin d'eux. Pour faire un caractère détaché, un homme que le souvenir ne gêne pas dans ses voyages, un vrai citoyen du monde enfin, ne conviendrait-il pas d'éviter ces tendresses du home dont les liens deviennent un obstacle aux libres évolutions? Les parents sages et prévoyants ne feraient-ils pas bien de commencer par envoyer leurs enfants en nourrice et, sortis de là, de les placer dans un internat ou un couvent? De cette façon ils ne regretteraient pas l'aile maternelle et ses tiédeurs, ne les ayant jamais connues. A première vue cela paraît logique; mais c'est bien là une occasion de nous assurer que l'homme ne vit pas de logique. Et d'abord parmi les choses regrettées le plus tout le long de la vie, il en est qu'on n'a jamais possédées. Une vieille chronique nous raconte que pendant cette période de misère appelée la guerre de Trente Ans, un jeune homme de dix-huit ans mourut quelque part en Allemagne : « Je ne regrette pas la vie, dit-il, je regrette seulement de n'avoir jamais mangé de pain. » Chacun connaît la complainte du Masque de fer : « Je n'ai jamais connu les baisers d'une mère. » On regrette les biens qu'on n'a jamais eus, quand ce sont des biens essentiels répondant à un besoin profond de l'être. Les biens factices, on s'en passe. Les ignorer à jamais, c'est avoir eu la meilleure part. La vie de famille, la bienfaisante chaleur du nid sont des biens essentiels. Nous avons besoin de grandir sur les genoux, sous le regard, entre les bras de notre mère et de notre père. On peut, à la rigueur, élever des poussins dans la couveuse artificielle. Encore si ces malheureux petits produits industriels pouvaient formuler ce qu'ils ressentent vaguement, ils protesteraient les premiers. Mais il n'existe pas de couveuse artificielle pour remplacer en éducation le foyer domestique. Toutes les plus merveilleuses inventions, par lesquelles on veut le remplacer, ne sont que de misérables succédanés. Oh! combien ils sont à plaindre les enfants qui grandissent loin du nid, sevrés de tendresse, les enfants nourris, logés, vêtus, promenés et, si vous le voulez, amusés administrativement, auxquels rien ne manque sinon les baisers. Toute leur vie ils ont froid au cœur et rien n'est vivace en eux comme le regret de n'avoir pas été assez aimés.

Et ne croyez pas que ce soient ceux-là qui aillent vers le vaste monde avec le plus d'entrain; qui aient le plus d'étoffe pour être des lutteurs, des travailleurs indépendants, de hardis conquérants de l'inconnu. Par une loi qui se retrouve dans l'univers physique comme dans l'univers moral, c'est à la concentration des forces que se mesure leur pouvoir d'expansion. Plus la vapeur est comprimée, plus son élasticité augmente.; plus l'arc est tendu, mieux s'envole la flèche. Les peuples qui ont le sentiment national très développé, une puissante vie civique sont en même temps ceux qui essaiment le plus largement et envoient leurs colons jusqu'aux extrémités de la terre. Et les familles compactes, dans lesquelles règnent les affections intenses, les foyers chauds et vivifiants forment les caractères virils. On y est nourri d'un pain si fortifiant qu'en sortant de là on peut aller jusqu'au bout du monde. L'esprit du home est sur vous. On l'emporte, on le répand et cette vie qui nous pénètre, partout fait germer la vie.

Affaiblir le sentiment de famille dans le but d'augmenter l'initiative de l'individu, équivaudrait donc à énerver un ressort pour lui donner plus de pouvoir d'expansion.

*
* *

Il faut la famille avec toute son énergie d'incubation, le nid enfin, et l'on sait ce que cela veut dire. Mais si l'on grandit au nid, une fois grand il est nécessaire de le quitter.

La dispersion de la famille s'opère dans des conditions fort diverses. L'heure en sonne plutôt pour nos fils que pour nos filles. Quelquefois la séparation d'avec la famille se produit comme un accident regrettable et prend la forme d'une rupture. Il y a là un côté très douloureux sur lequel nous insisterons un moment. Dans les nids il y a des compagnons turbulents. Agités par l'impatience, on les voit prendre leur essor, avant d'être suffisamment emplumés, au risque de périr de faim et de froid, ou d'être mangés par les chats. Dans les familles il se rencontre de mauvaises têtes qui font exactement de même. Le régime du nid les *gêne*. Cette existence réglée, tranquille, un peu austère, leur pèse. « Maman fait trop d'observations, papa est trop sévère. On ne peut pas bouger. C'est ennuyeux. On n'est plus un enfant, après tout. » Après avoir troublé la paix domestique, un beau jour ils s'en vont, s'engagent dans l'armée, prennent le train, le bateau à vapeur, ou simplement le bâton du voyageur et ne pensent pas toujours à donner de leurs nouvelles. Ces départs sont pour les parents une source de chagrins ; il faut les avoir éprouvés afin d'en mesurer toute la profondeur. Par je ne sais quelle anomalie ce sont généralement les enfants les plus aimés qui font ces coups-là et le cœur en reste brisé longtemps sinon toujours. Les mauvaises têtes se partagent en deux catégories. L'une qui se détache de la famille, comme se détache de l'arbre un fruit sec ou une feuille morte. Ce sont les prodigues, les égarés, les enfants perdus. Ils ne reviennent plus ou quand ils reviennent ce sont des épaves, des inutiles qui restent pour les leurs un fardeau et une honte. Pourquoi en parler davantage ? N'est-ce pas assez triste de devoir les signaler, de dire qu'ils existent, que leurs malheureux parents en meurent de souci ? Contentons-nous donc d'avoir indiqué la porte sombre d'un enfer où nous ne descendrons pas.

L'autre catégorie des mauvaises têtes se compose de ceux que la séparation fait réfléchir, que les expériences parviennent à former. La famille n'a pas pu façonner le bois rude quoique généreux dont ils sont faits. La vie s'en charge. Ceux-là reviennent. Mais c'est du départ que nous parlons ici et non du retour. Et quand vous partez, mauvaises têtes, qui donc sait si jamais l'on vous reverra ? L'angoisse domine l'espérance. On vous suit du regard comme si vous étiez perdus pour jamais.

C'est avec une angoisse pareille que l'on assiste au développement des enfants qui ne gardent pas, en devenant hommes, les idées des parents et se séparent de leur famille au point de vue spirituel. Il y a une grande douceur à voir ses fils épouser ses idées, ses croyances, et même ses passions. Quand ils brûlent ce que nous avons adoré, combattent dans les rangs de nos adversaires, leur conduite nous afflige. Mais ici, il convient d'être raisonnable. Nul ne peut équitablement demander à ses enfants de penser comme lui sur toutes choses, et de marcher sous le même drapeau religieux ou politique. Il faut s'habituer à penser qu'on n'est pas perdu pour ne pas être de notre église ou de notre parti. Et si le fait qu'un des nôtres professe des idées que nous repoussons, pouvait nous rendre un peu plus humain pour les adversaires, il y aurait là de quoi se féliciter plutôt que de gémir.

A cette même place des séparations pénibles, il nous faut parler des déchirements que produit dans la vie de famille une vocation irrésistible, exceptionnelle et qui lance un homme en dehors des chemins battus. La prudence des parents rêve pour les enfants des carrières où l'inconnu tient le moins de place possible. La marche ordinaire du monde est telle que l'immense majorité des hommes suit les ornières tracées. Reste la race indispensable et clairsemée des indépendants, des pionniers, des novateurs, des réformateurs aussi bien dans le domaine des idées que dans celui du fait. Ceux-là ne ressemblent pas aux autres, ils ne ressemblent à personne. Leurs proches souvent ne les reconnaissent pas. Quelque chose d'étrange et d'indéfinissable vit en eux. A mesure qu'on les voit grandir et se dessiner ce sont des surprises, des étonnements et parfois de l'effroi. Quand on glisse un œuf de canard dans le nid d'une poule couveuse on lui prépare une vie agitée. Ce seul canard donnera lui plus de mal que tous les poussins réunis et le jour où il verra de l'eau, où il s'élancera sur la rivière, heureux d'avoir trouvé son élément, sa joie n'aura d'égal que le désespoir maternel.

C'est le sort des appelés, des grands initiateurs de l'humanité, de faire beaucoup souffrir ceux qui les aiment et de souffrir eux-mêmes beaucoup. Méconnus des leurs, rejetés par leur famille, exclus du milieu où ils ont germé et auquel leur grand cœur est attaché par des liens affectueux, on les traite de fous, de traîtres, d'imposteurs. Tout vivants, on les pleure comme des morts et souvent ils succombent à la tâche, sans que leurs contemporains aient pu comprendre tout ce qu'on leur doit. La postérité les réhabilite et leur tresse de tardives couronnes. Mais avec quelle tristesse ils ont dû dire : « Je n'ai plus ni père, ni mère, ni parents, ni amis. Les oiseaux ont leurs nids, les renards, leurs tannières; mais moi je ne sais où reposer ma tête! » Si c'est une loi commune à tous de quitter le milieu protecteur où s'est écoulée leur enfance et de voir se disperser le cercle des figures amies qui semblaient groupées pour toujours, cette loi s'accomplit sous sa forme la plus douloureuse pour ceux auxquels l'humanité doit ses meilleures conquêtes et ses trésors les plus précieux. En eux particulièrement s'accomplit la vieille parole : « Va-t'en de ta patrie, de ta famille, de la maison de ton père, vers le pays que je te montrerai. »

*
* *

Dans l'ordre normal la séparation s'impose plus tôt et plus impérieusement aux classes aisées qu'au peuple. Les fils de paysans et d'ouvriers peuvent rester au foyer plus longtemps que ceux dont les carrières exigent des études longues et compliquées. La nécessité de trouver des écoles qualifiées pour leur éducation, impose aux parents, avec toutes sortes d'autres sacrifices, le plus dur de tous, celui de l'absence. Je trouve même que quelques parents se font sur ce point une violence trop précoce et trop cruelle. Ils envoient leurs enfants au loin dès l'âge de huit à dix ans. Pauvres petits! À cet âge la meilleure pension, l'intérieur le plus affectueux ne remplace qu'imparfaitement la vraie famille. Que sera-ce si l'enfant est interne dans un collège ou un lycée? Parmi toutes les créatures les plus à plaindre en ce monde, je range le petit collégien de huit ans soumis au régime du dortoir, du réfectoir, de la promenade par file deux-à-deux. Pauvre petit administré, abreuvé de règlements, sanglé dans un uniforme, avec ton cœur trop prompt et ta tête trop tôt veuve de ses boucles, emprisonné derrière les murs d'une cour avec ton besoin d'air et de liberté! Ce qu'il s'est livré d'obscurs combats sous les boutons des tuniques rigides, sous l'impassible correction du képi, l'idée seule en est effrayante.

Pour les tortures qu'il a infligées, pour les larmes qu'il a fait couler des yeux de tant d'enfants, pour les déformations et les tares qu'il a communiquées, par son atmosphère malsaine au corps et funeste à l'âme, je hais l'internat. Les juges les plus clairvoyants l'ont condamné, et malgré toutes les puissances de l'habitude invétérée, il croulera bien un jour sous la malédiction universelle.

Par quoi le remplacera-t-on? Pour les enfants

trop jeunes par rien du tout. Leur place est au foyer. — Et comment fera-t-on leur instruction? Tout le monde ne peut pas se payer une gouvernante ou un précepteur. — Que ne les envoyez-vous à l'école primaire? Pour les premiers commencements c'est la meilleure. On y apprend à lire, à écrire et à calculer, mieux que partout ailleurs, et si la répétition de certains éléments, qui vous paraissent puérils, y est pratiquée sur une large échelle, c'est que l'expérience a prouvé que ceux qui ne répètent pas à satiété, oublient les principes rudimentaires et pèchent par la base tout le long de leurs études. — Envoyez vos enfants à l'école primaire. Ne craignez pas de les voir s'asseoir à côté d'enfants plus humbles sortis un peu de partout. La séparation des classes sociales est un des malheurs de ce temps. La patrie n'aurait qu'à y gagner si nous étions tous élevés sur les mêmes bancs jusqu'à douze ans. Vous redoutez la promiscuité, le ton, le langage? Connaissez mieux votre temps et ses mœurs. Comparativement à un internat, une école primaire est une petite académie. Gardons nos enfants au foyer, près de nous, jusqu'à douze ans, au moins. Après cela s'il faut nous en séparer plaçons-les à un autre foyer. Il y en a de simples et de peu exigeants. D'ailleurs l'internat malgré son bon marché coûte toujours trop cher. S'il était *gratuit* je n'en voudrais pas; s'il était obligatoire, je prêcherais la révolte.

*
* *

La séparation d'avec la famille, mauvaise quand elle se fait de trop bonne heure, devient salutaire à son heure. Chacun a pu remarquer que nos enfants, filles et garçons, passent par des âges particulièrement difficiles, où leur conduite nous étonne et nous fait souffrir, où les relations souvent deviennent pénibles. La plainte des parents est que leurs enfants, à ces âges-là, sont ingrats, discuteurs, dépourvus d'égards. Ils se considèrent comme le centre de la maison. Tout doit tourner autour d'eux et pourtant rien ne les satisfait. Ils ne semblent apprécier ni leur bien-être, ni l'affection des parents, ni la société de leurs frères et sœurs.

Le moment est venu alors de s'en séparer. Les circonstances parfois exigent qu'ils restent près de nous. Dans ce cas, cherchons du moins des occasions nombreuses, pour les soustraire à notre contact perpétuel et à leur milieu ordinaire. Rien n'est énervant comme de tourner dans le même cercle, de voir sans cesse les mêmes figures, d'entendre les mêmes propos. Créons des diversions, si une séparation complète est irréalisable.

Mais si les raisons citées plus haut n'existaient pas, il y en aurait d'autres pour conseiller la sépation temporelle. Le milieu familial ne suffit pas indéfiniment au développement humain. Il ne saurait tenir lieu de tout. Une certaine étroitesse forcément s'y attache : c'est une infériorité de ne connaître que les siens, sa maison et son clocher.

La séparation, je le conçois, est dure aux parents. Dure non seulement par elle-même, mais par ce qu'elle fait entrevoir. Les premiers départs sont le commencement de la fin, nous le comprenons trop facilement; les distances, nous le sentons, vont s'accroître entre ceux que nous aimons tant et nous, le cher passé du nid commun va se clore, s'éloigner et ne plus rester à la fin qu'un souvenir. L'hésitation du premier pas est naturelle. Malgré ce qu'il peut nous en coûter il faut s'y résoudre. Quand on aime vraiment ses enfants on consent à les quitter. C'est pour leur bien.

Leur vue a besoin de s'élargir. Rien ne remplace comme puissance éducatrice, un changement de cadre. C'est comme une sorte de cure morale et intellectuelle. Et, chose bien remarquable, confirmée journellement par nos expériences personnelles : la distance est un filtre des sentiments, elle les épure, les affine. Pour se rapprocher en esprit de ceux qui vivent près de nous et dont certaines petites misères journalières, certains dissentiments, nous séparent, il suffit quelquefois de les quitter.

*
* *

Les voyageurs sont partis. Au logis leur place est vide, leur couvert manque à table. Où il y avait des cris et du mouvement il y a de mornes silences, des larmes furtives. Comme nous le comprenons et comme nous en prenons notre part! Pourtant si intéressante qu'elle soit laissons là la maison paternelle et suivons les absents. Ils sont partis, en général, le cœur léger, sauf peut-être au dernier moment, où l'émotion des parents les a gagnés. Voyager, essayer leurs ailes, voir ailleurs ce qu'il y a, cela leur va. La tendresse émue des parents a été surprise, peinée de ce départ plutôt insouciant.

Mais les jours ont passé et voici les jeunes novices aux prises avec leur milieu actuel. Parfois la différence est très sensible, l'acclimatation lente, laborieuse. Il y a des figures étrangères, des habitudes qui ne s'adoptent pas toutes seules. L'inconnu frappe les yeux partout. On est dépaysé. Et quand vient la première lettre de la maison, on se cache pour la lire, afin de pleurer à son aise.

Il se passe alors un phénomène bien connu. Malgré le courage qu'on peut avoir et qu'on a, malgré le charme du séjour nouveau, de l'affectueuse sympathie du foyer d'adoption, des camarades et des maîtres, une sorte de brume couvre tout cela. Cette brume est sur notre cœur encore plutôt que sur nos yeux. Elle s'appelle le mal du pays. A ceux qui en souffrent le soleil paraît moins clair qu'au pays natal. Mais le pays, là-bas, apparaît comme entouré d'une auréole. On en rêve la nuit. Il est beau, souriant et tous les hommes y sont aimables; mais surtout papa et maman et les frères et sœurs. A toute heure du jour on se les représente, livrés à leurs occupations ordinaires, circulant par les chemins connus sous les arbres familiers. — Comme on les aimera mieux quand on les retrouvera! Hélas! le jour du revoir est si loin! viendra-t-il jamais?

En attendant, cette peine qu'on a d'être loin nous rend meilleurs, nous forme le caractère, nous fait apprécier ceux qu'on a quittés. Et pour leur prouver qu'on les aime et s'en donner à soi-même le témoignage, on montre plus d'ardeur au travail.

Misère de l'absence, jours difficiles qu'on voudrait abréger, vous n'en êtes pas moins bienfaisants. Pour devenir des hommes il faut avoir passé par là.

*
* *

Quand on est un écolier, en général on ne va pas trop loin. A mesure que passent les années, les excursions vers le vaste monde prennent plus d'extension et les motifs de quitter le foyer se multiplient. Après le tour de France, le tour d'Europe, les voyages au long cours. C'est le service militaire, la vie à gagner, la position à conquérir, le talent à développer, la science à cultiver. C'est encore le mariage. De moins en moins l'homme peut vivre où il est né, continuer tranquillement le métier de son père. Et la vie matérielle n'est pas le seul mobile qui nous oblige à quitter la famille et quelquefois la patrie. Les intérêts spirituels, aussi bien que la prospérité extérieure, exigent aujourd'hui que les nations fassent sentir leur influence au loin, se renseignent, se créent des relations. A continuer à vivre sur lui-même, un pays se ruinerait sûrement. C'est donc un devoir patriotique et un intérêt supérieur qui nous appellent à passer les frontières et les mers. Et la famille doit cultiver, encourager, dans la jeunesse, l'esprit d'entreprise et les vocations hardies. L'idéal du rond-de-cuir, l'aspiration médiocre à des fonctions sûres, la course aux places, le fonctionnarisme stérilisant, doit être remplacé par un idéal de vie indépendante, l'idéal du pionnier et du fils de ses œuvres. Nous avons trop peur des routes neuves : notre jeunesse choisit trop facilement les chemins battus, qui mènent aux terres piétinées des vieilles routines. Nous nous écrasons sur place les uns les autres et tel ferait des bassesses pour une sous-préfecture ou un bureau de tabac qui refuserait d'accepter un domaine à cultiver aux colonies. Personne n'en est plus heureux pour cela. L'existence se rétrécit et diminue d'intérêt. Le cercle des idées va se rapetissant. Ni le bagage scientifique ni le bagage littéraire ne se renouvellent suffisamment. Quelques questions insolubles, quelques vieilles querelles politiques, religieuses ou sociales, absorbent l'attention publique et nous ignorons ce qui se passe de grand dans le monde. Une large ventilation s'impose. J'appelle de tous mes vœux une vie de famille puissante, concentrée, laborieuse et simple, mais en même temps ouverte au souffle du dehors, évocatrice des vertus héroïques, conquérante en un mot. C'est là qu'est le grand devoir de l'avenir et c'est là que se trouve un des éléments du relèvement national, un des sentiers oubliés du bonheur.

*
* *

Il est surtout question ici de la jeunesse masculine et la plupart des dernières remarques ne peuvent s'appliquer qu'à elle. Mais si nos filles nous restent un peu plus longtemps, la loi normale veut qu'elles nous quittent à leur tour. Si nous voulons qu'elles aient leur foyer, et qui donc ne le désire pas? il faut nous résigner à les voir partir à leur tour. Il ne se constitue guère de famille nouvelle sans une dette payée à la séparation. D'ordinaire, il est vrai, et c'est là une consolation, nos filles restent relativement près de nous. Le nouveau ménage s'établit, sinon dans la même ville, du moins dans le même pays. Et pourtant, si la femme est, moins que l'homme, appelée à habiter les pays lointains, il ne faut pas qu'elle en ait trop peur. A chaque étape sociale son rôle d'aide et de compagne consiste à s'associer au sort changeant de l'homme et de se mettre à la hauteur des circonstances. C'est une grande ressource pour une nation d'avoir dans son sein des femmes élevées de telle sorte, qu'elles ne cherchent pas les bonheurs casaniers des milieux où l'on a sous la main toutes les aises de l'existence. Que deviendraient, dans leur rude et fécond labeur, nos ingénieurs, nos savants, nos marins, nos colons s'il ne se trouvait parmi nous que des jeunes filles incapables de vivre loin des fournisseurs, des magasins de nouveauté, des distractions mondaines, de ce qu'on peut appeler enfin le train-train monotone de l'existence bourgeoise? Nous avons besoin de courages féminins à la hauteur de toutes nos vocations masculines. Le bonheur n'y perd pas, il y gagne au contraire. Certes, à s'en aller loin des siens, il y a de grosses privations. Ce n'est pas seulement la civilisation qui nous manque avec ses ressources faisant presque partie du pain quotidien : c'est le conseil maternel, le refuge toujours assuré de la maison, le soutien moral aux jours difficiles. Mais il y a des compensations à ces sacrifices. Une vie qui comporte de la décision et de l'énergie cache en elle des satisfactions ignorées de la douce et paisible existence des milieux faciles. Tout ce qui fortifie nos volontés agrandit aussi notre faculté d'être heureux. Parmi ceux qui connurent l'amour sous sa forme la plus exquise, il en est dont la jeunesse s'est passée à l'étranger, à civiliser des pays sauvages, à défricher des forêts, à soigner des malades, à instruire des ignorants. Ce genre de vie a des bonheurs que l'homme encadré, casé et classifié de nos sociétés régulières ne connaît pas, ne saurait même pas comprendre. Au fond il y a toute la différence du régime de l'oiseau en cage au régime du libre citoyen de l'espace.

* *
* *

Et maintenant que nous avons parlé de la séparation sous tant de formes et de la dispersion de la famille, élevons nos cœurs plus haut, vers ce qui ne saurait se séparer, ni périr. Il est un lien que la distance n'entame pas, qu'aucune absence ne détruit, c'est le lien des âmes. Plus la vie nous sépare, plus ce lien s'épure et se fortifie. La séparation est une école où l'on apprend à placer son affection au-dessus des choses visibles et tangibles. Oh! le vilain proverbe : *Les absents ont tort*. Il n'est vrai que pour les cœurs lâches et les volontés molles. J'en appelle à tous les sentiments les plus humains, les plus faciles à constater en soi et partout. Qui donc occupe les meilleures places, les plus chères, les plus enviables dans chaque famille? Ce sont les *absents*. Plus ils sont loin et mieux on les aime. Et pour l'absent lui-même, quel est au fond de son cœur le coin lumineux et cher? C'est, n'est-il pas vrai? le coin du souvenir. Souvenir du pays et de la maison! Doux rayon sur nos sentiers lointains! Il nous suit sur toutes nos routes, nous éclaire et nous soutient. C'est un talisman, un pur trésor que pour aucun bien de la terre on ne consentirait à laisser.

Sur les flots tumultueux un matelot veille la nuit; il est de quart. Le vent de mer lui cingle la figure et la vague, en passant, lui jette sa poussière salée. Il n'y a pas d'étoiles au ciel, c'est la solitude immense de l'ombre et des eaux. Mais dans le cœur du matelot il fait jour. Il rêve au pays lointain, à la chaumière paternelle, où, près de la lampe silencieuse, sa mère travaille et prie pour lui.

Et Celui qu'elle invoque est près du fils comme il est près de la mère. C'est en lui qu'est le grand remède contre les tristesses de l'absence. Pour les supporter sans terreur il faut savoir se réfugier en Dieu. Dans notre inquiète sollicitude, il nous semble parfois que ceux qui nous ont quittés sont moins gardés. Nos yeux ne veillent plus sur leurs pas. Nous les voyons entourés de pièges, menacés de dangers. Quelle exagération de notre puissance! Quel manque de confiance en celle de Dieu! Près de nous n'y a-t-il donc ni inconnu, ni péril? Sommes-nous les maîtres des destinées dans notre entourage immédiat? Non, un autre pouvoir que le nôtre gouverne la vie. Il est le même partout, où vont nos aimés comme aussi où nous restons. Confions-les à sa garde.

Un des mots les plus doux et les plus consolants, malgré sa tristesse profonde, c'est le mot *adieu*! Pour le prononcer sans trop d'amertume, sachons le dire en toute vérité et dans toute l'étendue de sa religieuse signification. Adieu! cela veut dire : « Je te quitte, j'en suis attristé; mais je te confie à Dieu, c'est ce qui me rassure. » A tous ceux qu'attend l'épreuve des séparations, je souhaiterais de pouvoir dire dans ce sens-là : Adieu! — N'est-ce pas en même temps le meilleur moyen de se dire : Au revoir!

CHAPITRE XIX

Quand les oiseaux reviennent au nid.

La tristesse des départs a pour compensation les joies du revoir. Lorsque s'en vont de nos contrées, en automne, les oiseaux migrateurs, une certaine mélancolie s'empare de notre esprit. En même temps les feuilles tombent, la nature se dispose au grand sommeil, les jours en diminuant font penser aux déclins, aux choses finissantes.

Mais au printemps quelle joie à l'annonce de l'apparition de la première cigogne sur un toit, quelle heureuse surprise, en apercevant dans le ciel d'avril la première hirondelle! C'est une fête. On a beau avoir vu et revu ces mêmes choses : impossible d'y assister sans émotion. Les pêchers revêtent leur robe rose, l'aubépine sa gaze neigeuse; les premières pâquerettes brillent comme des étoiles dans la verdure naissante des prairies et le cœur de l'homme se met à l'unisson : tout lui parle de revoir, de renouveau, d'espérance. Je préfère ces alternatives à un printemps sans fin. Au tableau de la vie il faut des ombres et des rayons.

Hélas! ici, dès le commencement il faut nous incliner devant une ombre bien noire. En parlant des joies du retour, pouvons-nous oublier que tous ne reviennent pas? Non. Accordons-leur la première place. Donnons une larme à ceux qui sont partis sans revenir, à ceux qui dorment sous la terre étrangère, sous les flots des mers, dans les vastes tombes communes des champs de bataille, ou qui sont rentrés à la maison paternelle, couchés dans un cercueil. Ils sont morts là-bas, loin de ceux qui les aimaient, sans avoir près d'eux, dans les derniers combats, les soins affectueux qui adoucissent le passage douloureux. Une lettre un jour ou un télégramme laconique est venu annoncer leur départ du monde des vivants : la maison paternelle s'est couverte d'un voile de deuil. Puis on a reçu leurs effets, déballé en pleurant leurs vêtements, leurs livres, les menus souvenirs emportés, fragiles reliques ayant pourtant duré plus qu'eux-mêmes, et le cœur s'est serré en songeant que jamais en ce monde nous ne les verrions plus. — Oh! la triste chose que ces morts loin du foyer, où l'on n'a pas même la satisfaction d'aller pleurer sur une tombe ou d'y cultiver une fleur! Pauvres pères, pauvres mères, vous que des souvenirs si cruels ont ployés, tout homme de cœur a des larmes pour vous et quiconque sachant invoquer Dieu pense à vous dans sa prière.

D'autres reviennent, mais avec les ailes brisées. Ils rentrent au foyer comme les oiseaux blessés qui viennent retomber près du nid. Les fatigues et les dangers de longs voyages; le climat meurtrier des tropiques, les privations et les souffrances, les balles de l'ennemi ont brisé leurs forces. Partis brillants de santé et de jeunesse, ils rentrent invalides, vieux avant l'âge. C'est à peine si on les reconnaît tant ils sont défaits. Ils font peur à voir et quand on les a embrassés pour leur souhaiter la bienvenue, on se détourne afin de cacher sa douleur. Ceux-là, nous les soignons, nous les réchauffons, plus chers de tout ce qu'ils ont enduré. Quelquefois, l'air natal et la maison paternelle font des miracles, ils reprennent vie, ils ressuscitent! Mais souvent il est trop tard! Le mal a fait son œuvre. Ils sont revenus, meurent dans nos bras.

— Pourquoi parler de ces navrantes destinées?— Parce que, si cette vie est un grand combat, il ne faut pas oublier les morts et les blessés. C'est une ingratitude et une honte de parler des vainqueurs et de se taire sur les vaincus; de célébrer les victoires et d'effacer les défaites du livre de la mémoire. Honneur avant tout à ceux qui tombent, à ceux qui ne reviennent pas, à toutes ces jeunes vies fauchées par la mort précoce. J'aimerais mieux me coucher dans la tombe avec ces chers enfants, que de faire le silence sur leurs noms et de laisser leurs figures disparaître de mon âme. En parler, mentionner leurs malheurs! ne craignez pas que cela décourage quelqu'un. Il est des courages généreux qui vont de préférence où d'autres se sont déjà fait tuer. La grandeur d'une cause s'accroît, dans leur esprit, du sacrifice des héros tombés pour elle.

Aucun triomphe n'a valu à la science, à la religion, autant de pionniers que leurs martyrs. Toutes les routes de l'humanité sont jalonnées de croix. Là sont tombés les vaillants qui frayèrent la voie. Là aussi les grandes vocations se décident, et la jeunesse qui se sent de l'enthousiasme et de l'idéal, va puiser ses plus pures inspirations.

*
* *

Mais après avoir payé notre tribut de regrets et pleuré avec ceux qui pleurent, il est juste de partager la joie des autres. Il faut prendre la vie comme elle est et y porter les sentiments qu'elle réclame. Oublier les vivants, pour ne penser qu'aux morts, serait tout aussi injuste et inhumain que d'oublier les morts pour ne penser qu'aux vivants. Tous sont de la famille et la famille les aime tous.

*
* *

Parmi ceux qui reviennent, je pense d'abord aux plus jeunes, écoliers et écolières qui entrent en vacances. Ils ont compté les jours ceux-là. Une de leurs joies, dans les derniers temps d'absence, a été de biffer sur l'almanach les dates écoulées. C'est une façon de tromper son impatience. Elle est connue aussi des troupiers, qui, vers la fin du service, vont charbonnant sur tous les murs : encore vingt jours! encore quinze jours!

Ils ne pensent plus qu'à nous, ces chers enfants : rentrer au pays, revoir la maison! Leur cœur n'est pas là où ils vivent : il a pris son essor vers les champs accoutumés. — Vous tous qui avez passé par là, souvenez-vous de ce que vous éprouviez.

Je me rappellerai toujours mon premier retour au village natal après un an de ce grand Paris. Toutes les autres années de mon existence réunies ne m'ont pas paru aussi longues. J'avais désespéré de jamais en voir la fin. Elle était arrivée cependant. Après une nuit de chemin de fer, je me trouvais au soleil d'une matinée d'août, en Alsace, sur la grande route qui traverse le col de Saverne. Laissant sur ma gauche les murs du vieux Phalsbourg, je m'engageai bientôt dans la superbe forêt du Fahlberg. Il était vers les huit heures du matin. La veille, à la même heure, j'emballais ma valise à la pension Kuhn, rue de la Tour-d'Auvergne, ayant entre la libre campagne et moi des piles de dictionnaires et de grammaires, des centaines de murs et de maisons. Du jour au lendemain, quel contraste!

Maintenant c'était la forêt aux vivifiantes senteurs, baignée de rosée, la forêt pleine de souvenirs. Les merles chantaient, les insectes bourdonnaient. Comme ils étaient accueillants, les hêtres antiques, les sapins barbus! On se retrouvait, on se reconnaissait. Jadis, lorsque j'errais trop tard par des sentiers trop écartés, avec la conscience mauvaise d'avoir enfreint la consigne paternelle, les bons vieux arbres, comme de sages amis, de leurs branches agitées me faisaient signe, blâmaient mes folles équipées, ma témérité. Aujourd'hui il me semblait qu'ils ouvraient de grands bras en disant : Bonjour, petit, enfin te voilà donc revenu ! J'en tressaillais de bonheur, j'en sautais de joie ! foulant d'un pas alerte les sentiers forestiers, au bout desquels je devais voir apparaître les toits rouges environnés de verdure et le clocher du village. Tout à coup, dans cette solitude j'entendis parler. A cinquante pas derrière moi débouchèrent deux paysans, qui causaient ensemble tout en marchant. Leur voix ferme et timbrée sonnait à travers les bois, et distinctement j'entendis le patois du pays ! langue rustique et pauvre, mais où chantait toute mon enfance, langue simple et expressive auprès de laquelle tout autre langage m'a toujours fait l'effet d'une chose apprise et empruntée.

De quelle musique elle frappait mon oreille pendant longtemps sevrée de ses accents ! Plus de trente ans se sont écoulés depuis cette matinée et je m'en souviens comme si c'était d'hier. De quoi parlaient ces braves paysans ? je ne le sais plus et cela importe peu. Ce n'est pas le sens, c'est l'accent qui me transportait de félicité. Non, je n'aurais jamais cru qu'on puisse être si heureux. Et ce jour-là je compris Philoctète.

Ne faut-il pas que la maison fasse fête à qui accourt vers elle avec tant de cœur et de toute son âme?

Qui donc nous parle de ces retours comme d'une épreuve et d'une corvée pour les parents? Je n'en crois pas mes oreilles, et cependant il me semble qu'on tient pareil langage. N'ai-je pas lu récemment dans un journal, à propos des vacances de Pâques qui allaient pour quelques jours offrir aux collégiens la clef des champs : « Heureux les potaches, moins heureux les parents! » De quel être dénaturé, de quel vieil eunuque rongé de misanthropie ceci est-il la pensée? Il ne sait pas celui-là ce que c'est que d'être père et il a oublié ce que c'est que d'être enfant. Ne l'écoutez pas, chers petits regrettés qui rentrez à nos foyers! Allez, ne craignez rien, vos sentiments sont partagés. Nous vous attendions avec une impatience grandissante. Comme vous, nous avons compté les jours. Nos bras se tendent vers vous. Le toit, de loin, vous sourit. Au pas de la porte, le vieux chien, votre camarade d'enfance, vous guette pour être le premier à s'élancer à votre rencontre. Venez; qu'on répare en s'embrassant les duretés de l'absence et que le joyeux bruit dont vous ferez sonner la maison, nous prouve que vous vous sentez bien chez vous!

* *
*

Les collégiens ne reviennent pas de bien loin. Mais voici venir des voyageurs plus importants.

Ils ont vécu à l'étranger, passé les mers, travaillé aux colonies, parcouru le monde et vu des hommes. De temps à autre, une lettre, c'est tout ce que nous avions d'eux. Les voici qui reviennent. Ils sont en route. On sait quel jour ils s'embarquent et sur quel navire; à quelle date probable ils doivent débarquer. Il n'y a rien de tel pour s'intéresser au sort des vaisseaux en mer que d'avoir des enfants parmi les passagers. Ce qui naguère vous était inconnu ou indifférent, devient événement de premier ordre. En esprit on se fait voyageur. Aujourd'hui c'est en caravane qu'on chemine, à dos de chameau, demain on descend les fleuves en pirogue. Il n'y a pas de côte sauvage ou de paillotte perdue, qui ne devienne pour nous un endroit familier aussitôt que l'un des nôtres y a élu domicile.

Comment les reverrons-nous? Seront-ils restés les mêmes ou serrerons-nous dans nos bras des étrangers que nous aurons de la peine à reconnaître? Comme ils auront eux-mêmes de la peine à se refaire au milieu d'autrefois!

N'importe, ils reviennent, c'est la grande affaire et après les premiers étonnements de se trouver réciproquement des figures et des allures si modifiées, on saura bien rentrer en contact et, sous tous les changements que le temps a amenés, faire reparaître la vieille affection. Pendant que nous les suivons, en esprit, sur les chemins du retour, nous préparons, afin de les fêter, nos maisons et nos cœurs. Que de contrastes entre une demeure où un grand départ s'organise, et une autre qui s'apprête à souhaiter la bienvenue aux chers absents ! Pendant les préparatifs de départ on a le cœur serré. Plus d'une larme silencieuse tombe des yeux, sur les objets que nous serrons dans les malles. La joie de posséder encore ceux que nous aimons se mêle au regret de devoir les quitter bientôt. On s'aborde avec une certaine mélancolie et, qu'on le dise ou le cache, on est dans la peine. Mais pour ceux qui préparent les retours, tout est à l'espérance !

Et vous, les attendus, tandis que nous vous faisons la place bien chaude ici, vous volez vers nous, devançant, par le désir ardent, la marche trop lente des vaisseaux qui vous ramènent. Vous regardez un coin du ciel et vous dites : Là est le but, là est la patrie. Il semble qu'une force secrète vous attire. Ceux qui partent sont comme chargés d'entraves, ils font effort : ceux qui reviennent ont des ailes. Ils ne regardent plus les contrées où ils passent qu'avec des yeux distraits ! Plus loin, plus loin toujours, sans trève, sans arrêt vers le pays, le doux pays. En le quittant on regardait derrière soi, pour lui dire une derrière fois adieu, au moment où il disparaissait à l'horizon. Maintenant on regarde devant soi, on perce du regard les brumes.

Ceux qui n'ont jamais quitté le sol de la patrie pour aller vivre sous d'autres cieux, parmi des peuples qui non seulement ont d'autres coutumes et un autre langage, mais ne pensent ni ne sentent comme nous, ont pour ainsi dire une autre âme, ceux-là ne peuvent comprendre ce qui se passe dans le cœur du voyageur quand il voit surgir des vapeurs de l'Océan, la gerbe électrique du premier phare, la première pâle ébauche des rivages de la patrie.

Là, derrière ces silhouettes indécises des montagnes et des falaises, tout ce que nous aimons est réuni : là travaillent nos frères sur les sillons et dans les cités, là dorment nos aïeux, là est le cœur de notre cœur, le centre lumineux où s'est allumé notre vie. Et tout cela nous parle et nous émeut à travers ce premier coup d'œil où nous embrassons la terre maternelle....

Quelques heures encore, une dernière corvée, un trajet qui semble interminable en chemin de fer ou en patache et ils touchent au seuil de la maison. Ils étaient à des milliers de lieues, à l'autre bout du monde, et les voici, on peut les regarder, les toucher, les saluer, les serrer sur son cœur. Larmes de joie, coulez! Amis longtemps sevrés de caresses, rassasiez-vous de baisers et puissiez-vous bien sentir, en éprouvant la félicité des revoirs, qu'il y a des moments où, par l'intensité de l'émotion, un jour en contient mille.

*
* *

Que sera-ce, si ceux qui reviennent sont des égarés et des prodigues corrigés par la vie, des brebis perdues retrouvées et rentrant dans la paix du bercail! Les distances matérielles ne sont rien en comparaison des distances morales qui s'établissent entre la famille et ses membres. Lorsque les enfants ont quitté le droit chemin, s'arrachant de l'ensemble familial avec violence, ils sont deux fois absents et la séparation d'avec eux est souvent pire que la mort. Et pourtant on les attend toujours. Oh! s'ils pouvaient revenir, reconnaître léurs torts, pleurer sur leur passé, rentrer dans l'ordre, nous donner cette joie de devenir honnêtes. Ces retours sont rares. Je vois partir beaucoup de prodigues, j'en voir revenir quelques-uns. Mais comme la vieille parole est toujours vraie en ce qui les concerne : « Il y a plus de joie sur un pécheur qui s'amende, que sur quatre-vingt-dix-neuf justes qui n'ont pas besoin de repentance. » Si grande est la délivrance quand ces enfants de douleur nous sont rendus, assagis et purifiés par les épreuves, que leur sort inspire de l'envie à ceux qui n'ont jamais quitté le bon, chemin. C'est qu'il est vraiment difficile de se dominer et de garder la mesure quand arrive ce qu'on n'osait plus espérer. Il ne faut pas en vouloir aux pères de tuer le veau gras : il est si légitime qu'ils se dédommagent de tout ce qu'ils ont enduré. Ne nous insurgeons pas contre les élans du cœur. Souffrons qu'il soit plus intéressant d'être retrouvé, que de n'avoir jamais été perdu.

En général, accordons sans marchander à tous ceux qui reviennent de loin le bénéfice d'une situation privilégiée. Il est bon qu'il en soit ainsi. Les vins « retour de l'Inde » sont plus appréciés que ceux qui vieillissent dans le chais du vigneron, et l'homme qui revient de loin a plus de lustre que ceux qui restent sédentaires. Son relief s'étend à la famille entière qui l'honore avec raison. Avez-vous remarqué le crédit et l'autorité dont jouissent en famille les marins, les soldats, les explorateurs, quiconque a fait partie d'une expédition de marque? On leur accorde une telle confiance et leur parole a tant de prix, qu'ils sont vraiment prophètes au milieu des leurs. Situation grosse de périls, comme tout ce qui tient du privilège! Mais celui-là ne m'offusque point et, pourvu qu'ils n'en abusent pas, je suis prêt à le reconnaître comme légitime et salutaire.

*
* *

Voici maintenant une autre forme de retour vers le centre familial. Je veux parler de ces réunions patriarcales où nos fils et nos filles, déjà établis pour eux-mêmes, reviennent à la maison paternelle et refont pour quelques jours le cercle d'autrefois. Alors la solitude du vieux nid s'anime. Par les chambres, les corridors, le jardin d'ordinaire silencieux, la bande vivace des petits-fils rappelle au vieux grand-père que son nom n'est pas près de s'éteindre. Heureuse la famille où l'esprit de cohésion s'est assez maintenu pour se transmettre aux jeunes générations et créer de belles et durables amitiés entre cousins et cousines? Rien n'est plus beau que ces familles, largement assises et fortement cimentées, où les enfants et les enfants des enfants ont gardé l'habitude de venir s'asseoir à la même table, fraterniser sous le toit de l'aïeul. Comme on vit bien là, comme le cœur est à l'aise, comme on est plus heureux du bonheur et mieux armé pour les difficultés ! Ceux qui ne connaissent pas le charme de cette vie sont privés de l'une des plus pures satisfactions qu'il soit donné à l'homme de posséder. En général, ce genre de rencontres ne se renouvelle pas souvent. Il y a trop de chances contraires et plus on est de membres, moins il est aisé de se trouver au complet. Quelqu'un presque toujours manque à l'appel. Et puis, le temps arrive vite où les chefs vénérés nous font leurs adieux. Le centre alors est détruit et les tronçons de la famille continuent chacun sa vie propre. Raison de plus pour cultiver l'union tant que le lien primitif existe encore. L'heure n'arrive que trop tôt où la famille se disperse pour ne plus se revoir, où le cher vieux nid n'existe plus que dans le souvenir.

CHAPITRE XX

Foyers dévastés. Veuves et orphelins

Rien n'est plus triste qu'un nid ravagé, une couvée abandonnée. Le foyer des hommes est souvent ce nid et plus que jamais alors c'est avec respect et sympathie qu'il faut en franchir le seuil.

On avait construit cet abri ensemble; ensemble on y avait partagé les soucis comme les joies de la vie. De chers petits hôtes étaient venus y demander leur place. Maintenant l'un des deux est parti, laissant l'autre tout seul en face des difficultés qu'amènent les jours incertains. Un voile couvre le foyer, voile de tristesse et de deuil.

Ici c'est le père qui est mort. La femme et les enfants, de ce coup, gardent dans tout leur être une sorte de tremblement et d'effroi. Comme de pauvres poussins effrayés, les enfants se serrent autour de la mère, se cachant sous son aile. Mais elle-même qui donc la rassure? Elle a perdu son soutien. Plus jamais elle n'entendra la voix aimée, sûre, dont le seul timbre lui ôtait l'anxiété, lui rendait le calme et l'enveloppait de ce sentiment de douce sécurité que procure à la femme aimée la présence de l'homme en qui elle croit. Elle ne pourra plus s'abriter dans ce refuge toujours ouvert. Directement exposée aux atteintes des événements, elle aura le sort de tous ceux qui couvrent quelqu'un de leur protection et ne sont eux-mêmes garantis par personne. Le fardeau des responsabilités se pose lourdement sur des épaules que rien n'a souvent préparées à le porter. Il faudra prendre des décisions importantes et le conseil, où donc le cherchera-t-on? Des donneurs de conseil il n'y en a que trop pour les veuves. Du jour au lendemain, par le fait seul que le chef de famille est absent, une foule de gens s'arrogent le droit d'intervenir et de leur donner des avis. Chacun pense pouvoir se mêler de leurs affaires. Pauvre, la veuve expérimente durement la destinée du faible. De tout leur poids les institutions sociales, l'égoïsme des hommes, retombent sur elle et ses enfants. C'est à qui lui fera sentir qu'elle est seule et ne peut plus se défendre. Et si quelqu'un se présente pour plaider sa cause, prendre son droit en main, de cruelles expériences lui apprennent à s'en méfier d'abord, elle qui aurait tant besoin d'avoir confiance. La veuve qui vit dans une condition moins précaire, dans l'aisance ou même dans la richesse, connaît d'autres misères. Ce n'est pas le souci du pain qui l'obsède, c'est le souci de son indépendance. Pour ne pas aliéner sa liberté, accepter, par lassitude où par besoin, des directions qui commencent sous forme de bons offices et finissent dans la servitude; pour ne pas être prise dans l'engrenage et garder le droit de disposer de ses affaires, de son jugement, du genre de vie qui lui convient, il lui faut se résigner à une lutte presque journalière. La femme du monde qui devient veuve est exposée à des contrariétés dont la femme du peuple n'a même aucune idée.

*
* *

Quelquefois la mort, comme il arrive dans certaines familles de fonctionnaires, entraîne à bref délai un changement de domicile et de milieu. La maison qu'on habitait tenait à l'emploi du père. Lui mort, il faut la quitter. Alors ce n'est pas seulement le deuil, c'est la destruction du home, l'exode. Il faut avoir assisté à ces lugubres déménagements pour en comprendre toute l'amertume. Prendre un à un tous les souvenirs, tous les témoins muets du bonheur d'autrefois; décrocher les tableaux, démonter les meubles... ne rien toucher sans éprouver des impressions de mort et de séparation... s'asseoir en pleurant au milieu de tant d'objets désorganisés, comme on s'assoirait sur les ruines d'une ville, combien cela augmente la tristesse des adieux, et aggrave l'infortune! Bien des choses en ce monde ont excité ma pitié. Parmi les plus navrantes il y a ce tableau :

Sur une grande route, derrière la voiture où s'entassent leurs pauvres meubles, la veuve et les orphelins, marchant vers l'avenir inconnu.

*
* *

Tant que les enfants sont en bas âge, une femme seule se tire mieux de leur éducation qu'un homme. Avec de l'esprit de suite et du discernement, elle parvient à leur donner une empreinte morale. Mais le danger est que sa tutelle ne se modifie pas assez selon les exigences de l'âge. Une mère de famille qui partage avec le père le soin de l'éducation se trouve préservée de cet écueil. Mais la veuve qui pendant de longues années n'a travaillé, lutté, vécu que pour ses enfants, s'attache à eux d'une façon tellement étroite, s'habitue si bien à les couver, qu'elle éprouve une souffrance intense à les voir voler de leurs propres ailes. La moindre opposition lui paraît le signal de la rupture définitive et lui est un trait enfoncé dans le cœur. Tout en comprenant ces sentiments, il faut signaler les dangers qui en résultent. Et quoi qu'il lui en puisse coûter, on ne saurait assez engager la mère restée veuve, à ménager de bonne heure la liberté de ses enfants, surtout de ses fils. C'est la meilleure manière de s'épargner plus tard de profonds chagrins et de garantir les enfants contre de graves errements. Il est impossible à ceux-ci de sentir ce qui se passe au cœur d'une femme restée seule dans la vie. Ils risquent trop de donner à leurs velléités d'indépendance une forme impétueuse et blessante. Que la jeunesse aspire à conquérir le droit à la vie personnelle, c'est légitime; mais elle se laisse aller à commettre de grandes injustices pour cette cause incontestablement juste. Épargnons-lui les révoltes, en adoptant un régime qui rend le respect facile, et ne provoque pas la résistance par des rigueurs déplacées ou des exigences puériles et humiliantes. Il y a d'ailleurs des compensations dignes du grand sacrifice maternel que nous recommandons. Lorsque, pauvres mères, après des années de renoncement et d'effacement, vous serez parvenues à faire de vos fils des hommes, vous retrouverez en eux quelque chose de ce que vous avez perdu. Vous pourrez vous appuyer sur ces caractères, auxquels vous aurez permis, au prix d'une douloureuse abnégation, de se former et de se fortifier. Mûris dans l'épreuve, ils sauront acquérir de bonne heure la gravité des chefs de famille. L'image paternelle revivra dans leur vaillante adolescence, l'exemple paternel inspirera leurs actes et vous aurez quelqu'un encore pour vous offrir le bras et pour vous défendre.

*
* *

Quand c'est la mère qui s'en va la première, en pleine vie, quelquefois en pleine jeunesse, le foyer est atteint plus profondément encore que lorsque le père vient à manquer. L'homme fait face aux affaires extérieures, continue son labeur et, pour les luttes du dehors, parvient à suffire. Mais c'est dans son intérieur qu'il est blessé au vif. Il rentre de son travail, au home coutumier et constate que l'âme s'en est envolée. La pensée fidèle qui pénétrait tout, veillait à tout, vivifiait l'ensemble, est absente. Si vous êtes un ouvrier vous trouvez en rentrant le feu éteint, la table vide, les petits sans soins. Après le rude labeur du jour, ce qui vous attend au logis n'est pas la tranquillité, mais le souci, le tracas d'un ménage, où malgré la meilleure volonté vous ne parvenez pas à éviter le désordre. Si vous êtes dans une situation plus aisée, capable de vous entourer de serviteurs, vous voilà en face d'un des problèmes les plus douloureux. Comment charger des étrangers de diriger votre intérieur et l'éducation de vos enfants, sans risquer de tomber aux mains des mercenaires? Et peu importe comment vous ferez, même si vous réussissez pleinement, le nouvel état de choses sera pour vous une cause de souffrances. Si les jours se font mauvais, vous regarderez en pleurant la place vide de l'absente, qui manque partout et à toute heure. Si les jours vous sont cléments, vous aurez du chagrin parce qu'elle ne les partage pas. Vos enfants, pour lesquels vous tenez au monde et devez vivre, vous rappelleront sans cesse la mère disparue et leurs caresses même, chères à votre cœur paternel, vous rediront votre malheur.

Le monde est mal placé pour juger ce qui se

passe dans les foyers ravagés par le deuil. Ce qu'ils contiennent de plus douloureux et de plus sacré est du domaine de l'invisible. Du dehors on ne peut ni le juger ni même le pressentir. Il faut y avoir passé soi-même ou posséder le don de vivre la vie des autres, pour apprécier la somme de secrets fardeaux et d'incommunicable peine, dont marchent accablés, à côté de nous, tant d'hommes et de femmes mutilés par la mort.

*
* *

Je pense maintenant à ceux qui sont restés seuls, sans enfants. Et d'abord à ceux qui, séparés jeunes, n'ont pas voulu reconstituer d'autre foyer. Il y a des circonstances où un second mariage est tout indiqué et même s'impose. Il y en a d'autres où il apparaîtrait comme l'impossible même. C'est le cas que j'ai devant la pensée. On s'est aimé. La mort est venue. Elle a détruit l'intimité heureuse, découronné notre jeunesse, mais le lien est resté. Seulement il est devenu spirituel. L'amour s'est montré plus fort que la mort. Et désormais on vit avec un souvenir, enveloppé de l'invisible présence d'un être que plus jamais on ne rencontrera sur la terre, et qui pourtant malgré la fatalité du tombeau, malgré le fait brutal de la destruction corporelle est là, près de vous, plus près que ceux qu'on touche et qu'on voit. Je considère cette fidélité à travers toute la vie, surtout si elle ne se traduit pas par un manque d'intérêt pour les autres, mais au contraire par des marques de bonté et de sympathie, comme une des formes les plus élevées de la noblesse d'âme. Inclinons-nous devant elle, quand nous la rencontrerons sur notre chemin. Ayons au cœur assez de délicatesse morale, pour comprendre et honorer ceux qui ont renoncé eux-mêmes aux douceurs de la vie, aux espérances de la jeunesse et n'en ont pas moins gardé un cœur capable de partager les satisfactions des autres, un sourire pour fêter leur amour.

*
* *

A quelques-uns, rares ceux-là, il est donné de parcourir ensemble la vie entière jusqu'à l'extrême vieillesse. Privilège exceptionnel dont on ne saurait être assez reconnaissant, mais qui ne va pas sur le tard sans une secrète angoisse. Plus la longueur d'une existence partagée vous a liés et presque confondus, plus devient poignante à la fin cette question : Lequel partira le premier? On s'est si bien habitué l'un à l'autre qu'on ne peut se faire à l'idée d'une séparation. Dans certains asiles de vieillards où l'on reçoit les vieux ménages pour leur assurer une retraite tranquille, on se sert d'un terme très expressif pour désigner ceux qui sont restés veufs. On les appelle les *dépareillés*. C'est bien cela. Comme un livre égaré loin du tome voisin, une médaille tombée de la collection, un tableau

privé de son pendant, ils sont dépareillés, ceux qui
toujours ensemble, inséparables, ont célébré leurs
noces d'argent et d'or et se voient subitement seuls.
Ils s'apparaissent à eux-mêmes comme des retarda-
taires dans une réunion ou une fête. Le spectacle
est terminé, la toile baissée; ils errent dans la salle
vide, âmes en peine, comme ceux qui ont perdu
quelque chose et sont obsédés par l'idée de le chercher. Volontiers ils diraient : N'avez-vous pas vu
l'ami? Dites-moi où donc le trouverai-je?

Notons ici un souvenir mélancolique mais exquis.

Ils s'étaient aimés de l'amour le plus parfait et le
plus persévérant. Octogénaires d'une beauté idéale,
d'une bonté inaltérable, ils se ressemblaient à force
d'avoir mêlé leurs pensées et leurs existences. Puis,
un matin, presque sans maladie, lui, s'était endormi.
Il y avait de cela un an, quand je franchis, comme
on franchit le seuil d'un sanctuaire, le seuil de cette
demeure de veuve. Rien n'y était changé. Les moindres objets se trouvaient à la même place où je les
avais toujours vus, avec un caractère de fixité qui
donne le pressentiment de l'immuable. Elle occupait
un fauteuil, mais l'autre, celui où il s'asseyait, était
vide et c'est en regardant sa place comme si quelque
hôte mystérieux s'y était assis, qu'elle parlait de lui
en pleurant. Je sentis que sa pensée ne la quittait
ni de jour ni de nuit. Et, comme il était présent
dans chacune de ses paroles : « Voulez-vous le voir,
me dit-elle, venez avec moi. » S'approchant d'une
fenêtre, elle me montra une petite photographie

transparente, inondée de lumière. On les y voyait tous deux appuyés à un balcon, les têtes approchées, dans l'attitude de deux jeunes amoureux. Il semble lui parler, elle sourit en baissant les yeux. C'est dans un rayon de soleil l'image de la tendresse inaltérable... Et je sortis de là, enveloppé comme d'un parfum céleste avec le sentiment d'avoir été en contact avec ce qui ne meurt pas.

*
* *

Donnons une pensée maintenant aux orphelins, à ceux qui ont perdu père et mère à l'entrée de la vie. Leur nom seul éveille la sympathie. Chacun sent qu'une grande douleur a passé par là et que de grands devoirs en résultent. Quiconque a en soi une fibre paternelle la sent s'éveiller en présence de ceux qui ont perdu leurs protecteurs naturels. Quiconque est enfant, pénétré d'amour filial, heureux de vivre près de ses parents et de leur donner son affection, en se réchauffant à leur bonté, ne peut s'empêcher de plaindre de toute son âme celui qui ne peut plus dire à personne sur la terre : mon père, ma mère! L'humanité a des membres dans lesquels elle est plus sensible et plus vulnérable qu'ailleurs. Il semble que toutes ses facultés de souffrir se soient concentrées là, et qu'elle y ressente ou décuple tout froissement et toute blessure. Un de ces membres, c'est l'orphelin. Plus il est désarmé et plus il est sacré. Ce qu'on lui fait on le fait à tous, on le fait à Dieu lui-même. Jamais nous ne ressentons la puissance du droit des faibles ou l'horreur de l'iniquité, comme en présence d'un orphelin. Un signe mystérieux marque sa tête gracieuse et fragile. Il est beau, il sourit, il a dans ses jeux le charme innocent répandu sur le matin de la vie et ceux qui pourraient s'en réjouir dorment au fond des tombeaux. Jamais sa mère ne le prendra sur les genoux pour le couvrir de baisers. Jamais il ne sentira l'étreinte des bras paternels. Puisqu'il est si déshérité que tous les cœurs lui soient ouverts, que sa place soit marquée au foyer; qu'il soit l'enfant de tous. Malheur à qui lui donnera du scandale! malheur à qui pourra le frustrer, l'opprimer! « Le père des orphelins, le défenseur des œuvres, c'est Dieu dans sa demeure sainte. »

Si j'ai voulu parler d'un sujet si chargé d'ombres, c'est pour bien de raisons. D'abord parce qu'il ne faut jamais oublier ceux qui pleurent et que dans ces pages consacrées au foyer, il y aurait une grave lacune s'il n'y était pas fait mention des plus grandes infortunes qui puissent frapper le foyer, comme des responsabilités qui de ce fait résultent pour ceux mêmes qui ont le bonheur d'être épargnés. Ensuite, il est salutaire de regarder quelquefois du côté des choses qui sont l'exception, mais contre lesquelles personne ne possède de garanties. La sagesse nous

conseille de nous souvenir que nous sommes mortels et de nous demander parfois ce que deviendraient les êtres que nous aimons le plus, si nous
venions à leur manquer. On emploie mieux les
jours quand on se dit qu'ils peuvent finir.

Mais la raison principale qui nous engage à
tourner nos yeux et notre attention vers ces régions,
la voici :

Les foyers dévastés et les nids détruits offrent
sans doute un aspect désolé. On y voit des figures
voilées, des blessures, des privations. Mais on y rencontre des qualités ignorées : les longues patiences,
les saintes résignations. Des trésors de sacrifice, de
dévouement, de solidarité active, y sont accumulés.
C'est une région où l'on coudoie sans cesse les
réalités invisibles. Des miracles de bonté s'y accom-
plissent et, plus que partout ailleurs, on y découvre
des vertus qui sont absolument au-dessus du niveau
vulgaire. Nous sommes en face d'un monde austère;
mais c'est le noir écrin où des perles sans prix
luisent comme des étoiles.

CHAPITRE XXI

Souvenirs, Traditions, Reliques.

Dans les vieilles maisons, à la campagne, on trouve toujours quelque grenier garni d'antiquités. C'est dans ce capharnaüm que j'ai pris mes premières leçons de patriotisme et d'histoire, par les jours de pluie ou de froid où les courses en plein air chômaient. Avant d'avoir ouvert les livres, c'est là que je trouvais la trace de nos prédécesseurs dans la maison, et sur le territoire national. Vieux tableaux ravagés par le temps, dévernis, dédorés, où des vestiges de figures apparaissaient sous des voiles de fine poussière. Sièges vénérables manquant d'un pied ou d'un bras. Lambeaux d'étoffe, drapeaux, armes démodées; lourds fusils à pierre, restes d'uniforme de plusieurs époques. Volumes gigantesques illustrés, à couverture de bois garnie de ferrures; la moitié des pages manquaient. Quelles richesses, et comme cela fait travailler une tête d'enfant! Toucher à toutes ces choses, les examiner longuement est un plaisir dont on ne se lasse pas. Mais lorsqu'un membre de la famille, plus âgé, veut bien nous raconter d'où viennent ces objets, à qui ils ont appartenu, quel est leur âge, oh! alors, le charme est complet. Les portraits effacés s'animent; sur les sièges boiteux on croit voir des personnages, et les choses d'autrefois tant admirées, tant aimées par l'enfance, se mettent à défiler vivantes dans notre pensée. Il en est ainsi depuis qu'il y a des hommes et il en sera ainsi jusqu'à la fin.

Pour cet être pétulant, ivre de vie qu'est l'enfant, le souvenir est une magie. Il l'hypnotise, le fixe là sans mouvement et bouche bée. Des histoires, des histoires du temps passé, jamais l'envie n'en passe au jeune âge, il en a une soif inextinguible. Je pense que c'est bon, qu'il faut nourrir cette aspiration et prendre soin que les traces de ceux qui vécurent avant nous, demeurent visibles dans la famille. Ce n'est pas seulement un élément d'éducation et de poésie au commencement de la vie, c'est un signe de solidité, un gage de fidèle cohésion à toutes les étapes. Et puis, insensiblement, les souvenirs de famille nous conduisent aux souvenirs nationaux. La petite patrie où nous avons germé nous révèle la grande. Partis de ce coin familier et des collines prochaines, nous nous mettons en route vers un horizon plus large où se déroulèrent de plus vastes destinées. Et nous aimons le pays à travers notre piété familiale : il devient vraiment pour nous la terre des aïeux.

Le souvenir est une des grandes forces morales et sociales. Dépourvu de traditions, l'homme manque d'un élément essentiel. Infidèle à ses souvenirs, il est comme une branche détachée de l'arbre. J'estime que la piété des souvenirs doit être cultivée et inculquée aux générations qui arrivent. C'est un tonique puissant. Il va sans dire qu'il ne faut rien exagérer. Quelques-uns ne peuvent se séparer de rien, ni d'un chiffon de papier, ni d'aucune vieillerie, quel qu'en soit le nom. Ils en encombrent leur demeure, ils en embarrassent l'activité. N'oublions jamais que la juste mesure est partout nécessaire. Rien de trop! Après cela, qu'il me soit permis de m'abandonner de tout cœur au penchant salutaire. pour tout ce qui rappelle les jours disparus.

*
* *

Je commencerai par les petites choses. Laissez-nous le plaisir, vous qui muez d'habits à chaque saison nouvelle, de nous attacher à un vieux chapeau, à un vieux paletot, et de nous liguer avec eux contre le changement perpétuel. J'admets que vos vêtements soient plus présentables, plus conformes à la mode du jour et fassent mieux valoir vos personnes. Mais ils sont d'hier et demain ne seront plus: Nobles étrangers qu'un jour amène et que l'autre reprend, ils ne font que passer et ne s'attachent pas. De loin ils nous empêchent de vous reconnaître, et de près ils nous apparaissent comme de trop fréquentes métamorphoses, sous lesquelles on est obligé de vous chercher et qui parfois vous rendent assez différents de vous-mêmes. Changer de vêtement, c'est un peu changer de figure, c'est quelquefois changer d'idéal.

J'aime les vieux habits ! Ce sont des amis éprouvés, des compagnons de travail et de lutte. En prenant ce vieux bâton, en arborant ce vénérable couvre-chef, il me semble que nous nous associons ensemble pour dire à la face du monde mobile et capricieux : nous maintiendrons ! Avec ce vieux manteau sur les épaules, je crois m'être investi de fidélité, d'inébranlable attachement à ce qui demeure. Ne me l'arrachez pas sous prétexte qu'il faut faire la charité : où est le pauvre qui jamais a refusé un vêtement neuf? offrez-lui du neuf de ma part. Pour moi je préfère le vieux. Si ce n'était pas de l'idolâtrie, je dirais que je l'adore.

J'en dirais autant des costumes provinciaux, des meubles anciens. Ah! les vieux poêles, les vieilles armoires, la vieille vaisselle. Voilà qui parle au cœur et à l'imagination! Ce ne sont que des meubles, certes, comme d'autres, pour les gens à conventions, d'un positivisme obtus ou pour les tristes blagueurs, qui ne peuvent s'empêcher de trouver grotesque tout ce qui date d'un autre siècle. Mais il y a un langage dans ces objets, une haute et paternelle sagesse dont on aurait bien tort de se priver. Les productions « dernier cri » ne connaissent ni cette langue ni cette sagesse.

Quelques-uns conservent chez eux dés vieilleries qui sont comme des témoins d'une gloire passée, des preuves qu'ils ont des ancêtres et descendent de gens bien situés. On offre souvent de moins bonnes places aux souvenirs modestes. Quel vilain enfantillage! Sommes-nous assez bornés d'esprit pour que dé semblables choses se rencontrent! Vous exposez les croix, les sabres de vos aïeux ou leurs meubles armoriés. C'est très bien. Mais si vous avez un marteau de forgeron, une lime de serrurier, des ciseaux de tailleur, une serpe de vigneron, une scie, un rabot, une truelle qui vous viennent de quelque brave ouvrier votre grand-père, il faut les mettre à la même place d'honneur. Si la famille s'est élevée à l'aisance, la vue de ces outils fera à vos enfants un bien extrême. Racontez-en l'histoire, et, de peur qu'elle ne se perde, fixez-la dans quelque livre de famille, parmi d'autres faits mémorables. Vous contribuerez ainsi à augmenter et à garantir le patrimoine spirituel des vôtres. Leur laisser du bien est bon; leur donner de l'instruction ne nuit pas; mais le meilleur, c'est de nourrir leur âme de vigoureuses traditions.

* *
*

Quand le souvenir a pour objet des aïeux ou des ancêtres depuis longtemps disparus de nos rangs, il s'y attache une sorte de sérénité bienfaisante. Sorti des régions douloureuses et voilées du premier

deuil, il prête à ceux qui sont partis une physionomie calme, exempte de nos luttes et de nos
tristesses. Il n'en est pas ainsi des morts contemporains, de ces membres de la famille, jeunes ou
âgés, que nous avons vus mourir près de nous, dont
la place est vide au foyer. Sur la tombe récente où
ils dorment nous pleurons des larmes amères, leur
pensée nous accompagne, nous angoisse. Il nous
semble qu'ils sont retranchés de la famille, relégués,
exilés, oubliés quelque part, et parfois il nous est
pénible de voir que la vie continue sans eux.

Leur image n'a pas émergé encore de la région
sombre des tombeaux, dans la région lumineuse où
elle doit se transfigurer. En la gardant présente
dans nos âmes, faisons un effort constant pour les
dégager du crêpe qui les couvre, pour les délivrer
de ce que les dernières misères et les suprêmes
combats ont mis dans leurs traits de troublant et de
terrifiant. Rétablissons peu à peu leur figure normale. Cela aussi est une victoire sur la mort, du
moins sur ce qu'il y a en elle de matériel, de brutal.
Il ne faut pas qu'elle nous défigure ceux que nous
aimons. Nous avons le droit, le devoir de réagir
contre ses négations. C'est là un signe de vraie
piété, de foi active et d'affection puissante. Notre
confiance en Dieu et aux destinées de l'âme humaine
vient s'unir à l'ardente sympathie que nous avons
pour nos chers morts, afin de les débarrasser des
traces de destruction sous lesquelles, dans les premiers moments du départ, tout leur être semblait

s'évanouir. La mort multiplie sous nos yeux les témoignages de notre néant et de notre incurable faiblesse. Ces témoignages nous les acceptons pour ce qui concerne les vanités ambitieuses, les entreprises contre la justice et la vérité, toute l'œuvre immense mais caduque du mal, en nous et autour de nous. La mort est faite pour détruire ces choses-là et leur assigner leur vraie place dans la poussière. Mais nous aurions tort d'accepter ses démonstrations. et de les étendre à tout ce qui est de l'homme, à sa vie intérieure, à ce qu'il y a en lui de divin et d'impérissable. Il y a des choses contre lesquelles la mort ne prévaut pas. Si notre espérance religieuse pouvait chanceler, l'affection profonde viendrait à son secours.

Tout ce qui est bon est fait pour se soutenir mutuellement. Quand on aime vraiment quelqu'un, il ne suffit pas qu'il soit mort pour qu'il ne soit plus rien à nos yeux. Si nous pouvions un instant l'admettre, nous nous sentirions complices du néant. La mort nous le rend plus cher, augmente ses droits, sanctifie sa place dans notre cœur où nous le gardons bien aimé et bien vivant. Ce que nous faisons là sous l'impulsion d'un instinct sacré, n'est que le premier pas vers des pressentiments et des certitudes plus hautes. Suivons le chemin, Dieu l'a tracé, il en connaît la direction et la fin.

J'estime que le souvenir aimé des morts est un des éléments les plus énergiques de la vie de famille. Mais il faut qu'il subisse lentement la métamorphose que nous indiquons. Laisser le voile s'épaissir sur ceux qui sont partis et s'étendre sur les vivants, accabler l'enfance, étouffer la maison, c'est une pratique funeste. Nous devons autre chose aux chers morts ainsi qu'aux vivants. Il faut maintenir le lien de solidarité, garder près de nous, en esprit, ceux qui ont disparu du monde visible, les associer à notre existence et nous habituer par le commerce avec eux, à vivre plus haut que ce qui se touche et se voit. Faisons souvent, en souvenir d'eux, les choses qu'ils ont aimées, inspirons-nous de leur esprit, travaillons à la tâche qu'ils laissèrent inachevée, et parlons d'eux en famille comme on parlerait de chers absents. Ainsi peu à peu, au-dessus du cercle des vivants, un cercle d'amis invisibles se formera, amis paisibles et doux qui mettront sur nos fronts des pensées de tendresse, de pardon, de courage, augmenteront notre puissance pour la vraie vie et nous délivreront de ce que peut avoir, de troublant l'idée de notre fin. La solidarité maintenue avec les morts, c'est la solidarité consolidée avec les vivants, c'est la foi augmentée en Celui pour qui les vivants et les morts ne font qu'une seule grande famille indivisible.

CHAPITRE XXII

La Religion du Foyer.

Arrivé au terme de ces réflexions inspirées par la vie domestique, je voudrais élever mon regard, résumer ce que j'ai éprouvé.

A cette hauteur le Foyer m'apparaît comme un centre religieux, où a puisé largement la religion elle-même dans ce qu'elle a de plus intime et de plus durable.

Tout d'abord considéré en lui-même, avec ses attaches, ses émotions, ses trésors sacrés, le foyer est bien un sanctuaire. Comme la divinité, il a ses croyants, ses fidèles, ses autels, ses fêtes, ses rites, son mystère. Quelques-uns, qui n'ont plus de religion, ont gardé celle-là. Ils y croient, s'y tiennent, s'en nourrissent. Aucun sacrifice ne leur paraît exagéré pour la sauvegarder. Y toucher, ils le sentent bien, c'est toucher aux racines de la vie; la souiller, la profaner, c'est commettre le crime de blasphème. Je regrette qu'on puisse avoir perdu cette grande lumière de l'âme qu'on appelle la foi religieuse. Mais je suis heureux si dans ce malheur, dans cet écroulement, on a pu garder la religion du Foyer. Nous sommes là, devant un de ces points où l'humain sans cesse touche au surhumain, où tout ce qui arrive dépasse le moment présent et les vues utilitaires, où des forces cachées et puissantes exercent incessamment leur action. Il est impossible qu'un homme qui a le culte de la famille, n'y trouve pas journellement un soutien pour la bonne vie. Par cela seul qu'il aime et respecte quelque chose au-dessus de son existence personnelle, son cœur échappe aux dangers de l'individualisme outré, de l'égoïsme sans contrepoids. Il marche moins peut-être par des principes et des doctrines que par des souvenirs, des habitudes, par le cœur et les entrailles. Ses appétits sont réprimés et domptés par la miséricorde. Le sauvage en lui, cet être sans égard et sans frein qui sommeille en chacun de nous, se trouve avoir affaire au père, au fils, au frère et y rencontre son maître.

L'énergie moralisatrice de la famille ne peut être niée que par ceux qui ne l'ont jamais connue. Pour ma part, il n'y a aucun pouvoir dans le monde qui puisse se mesurer avec celui-là. En ce temps de décomposition, ou tout au moins de fermentation, il faut se retremper aux sources primitives, revenir aux éléments de toute religion, de toute morale, de toute société. Toutes les choses humaines sont en germe dans la famille. Elle est à la base de l'édifice. La fortifier, la respecter, la purifier, l'enrichir de grâce, de joie, de bonté, de vérité, de justice, c'est bâtir la cité, affermir l'humanité, susciter des alliances à toutes les forces salutaires, des obstacles à toutes les entreprises du mal. Répandre des idées qui relâchent le lien de famille, créer des institutions qui l'entravent et le compromettent ; maintenir des intérêts matériels qui le détruisent ; enseigner des doctrines religieuses qui lui enlèvent sa place centrale, c'est porter la hache à l'arbre de vie. Il ne saurait y avoir de vérité sociale ni religieuse en contradiction avec le lien familial. L'effet qu'elles produisent sur ce bien est leur pierre de touche.

Si la religion du foyer comptait plus de fidèles, il n'y aurait pas tant de brebis égarées parmi nous. Nous serions plus sociables, plus cléments, plus tempérants, plus chastes, moins lâches devant l'injustice, meilleurs aux petits, plus respectueux de tout ce qui est vénérable, plus humains pour la vieillesse courbée, pour tout ce qui souffre enfin. J'estime que lorsqu'il songe au sanctuaire de la famille tout homme doit se frapper la poitrine. Sous une forme ou sous une autre, chacun l'a profané chez soi ou chez autrui. Il y a de salutaires réflexions à faire, d'utiles examens de conscience à établir.

*
* *

Mais le monde du foyer est en outre une source où s'alimente la religion proprement dite. Les réalités supérieures se révèlent à l'homme par un certain nombre de moyens. Dieu parle à l'homme dans toutes les langues, par tous les signes. L'univers entier est un verbe dont le sens est cette vérité sublime et cachée, que notre âme altérée cherche à travers toutes les formes. Dieu parle dans les magnificences de la création, dans les forces et les merveilles de la nature; il parle dans le mystérieux enchaînement des événements historiques, il parle au sein de nos consciences. Pour celui qui n'a pas perdu l'usage normal de ses facultés, chaque fait est un jalon vers l'infini, chaque sentier mène vers les sommets, chaque filet d'eau qui serpente par la prairie conduit à l'Océan. Toute apparence même fugitive est un symbole des choses éternelles.

Mais il y a des faits qui plus que d'autres ont une puissance évocatrice. Il y a des points où le voile qui nous sépare du monde impérissable est plus diaphane et le contact plus direct. On y éprouve quelque chose de ce que les anciens devaient éprouver lorsque la voix des oracles leur criait : « Deus, ecce Deus! » ce qu'éprouvait Moïse en Horeb en s'entendant dire : « Ote tes souliers, la terre où tu marches est une terre sacrée. » Le foyer est une de ces régions.

Même sur le plus vieux sol historique, à l'ombre des plus vénérables sanctuaires, je n'ai éprouvé avec plus de force ce qui nous fait tressaillir de crainte et de bonheur lorsque nous disons : « L'Éternel est en ce lieu, c'est ici la porte des cieux! »

Parmi les saintes vieilles choses balbutiées sur Dieu par l'infirmité humaine, beaucoup ont été entendues d'abord sous l'humble toit familial. Le plus doux nom qu'il donne à Dieu, l'homme l'a cueilli sur des lèvres d'enfants. Abba est un des premiers cris de toutes les langues. Le Christ l'a pris dans les berceaux pour en faire à Dieu un hommage de tendresse et de confiance, à l'homme une source de consolation, de rassurante clarté dans les ténèbres de la vie.

Celui qui est bien solidement pris dans le lien familial se trouve en correspondance avec le fond caché des choses, à travers des intermédiaires établis par la volonté divine. Dieu a voulu que nous nous devions la vie les uns aux autres. Soyons, en toute vérité, des pères et des enfants et par la fidélité aux saintes lois vitales nous serons les uns pour les autres des messagers de Dieu.

Je ne pense pas qu'un père ou une mère puissent rester insensibles à l'absolue confiance que leur témoignent leurs petits enfants. Quand nous les tenons ainsi dans nos bras, rassurés, paisibles, au comble de la sécurité et du bonheur d'être aimés, ne sentons-nous pas que nous obéissons à quelque chose de plus grand que nous?

D'où leur vient, à ces petits, la foi tranquille qu'ils ont en nous? Pourquoi rien ne peut-il les troubler quand nous les pressons sur notre cœur? Qui donc sommes-nous pour inspirer une confiance infinie? Nous sommes un des anneaux de la chaîne qui va de Dieu jusqu'à ces chers derniers-venus. Leur calme indique que la chaîne tient bon et que l'amarre est solide.

Pourquoi donc, toi qui inspires confiance, n'as-tu pas confiance? Pourquoi, toi qui donnes la paix, n'as-tu pas de paix? C'est parce que tu es sorti de l'accord et que tu n'as plus conscience du lien qui te tient. Tu as pris les quelques vues fragmentaires que ta raison a rassemblées sur le monde et tu t'en es fabriqué un univers chancelant qui menace de crouler sur ta tête. Et pendant que ton fils dort sur tes genoux, sûr comme les astres qui vont leur chemin, toi son abri, tu te sens vermoulu. De vous deux c'est lui qui a raison quoiqu'il ne raisonne pas encore. Imite son exemple, tu en as le droit. Ce que tu es pour lui, un autre l'est pour toi. Puisqu'il t'appelle Père, apprends sa langue, regarde plus haut et t'enveloppant de la confiance que tu inspires, remonte vers la source dont elle émane et ne crains pas malgré l'ombre de dire à ton tour : Père!

C'est une bien petite main que celle de l'enfant, mais il n'y a pas de main de prophète ou d'apôtre plus puissante que celle-là pour montrer le Père des Cieux. Je n'ouvre les livres saints qu'avec un respect mêlé d'adoration, non seulement à cause de leur contenu, mais à cause des souvenirs accumulés sur eux par tant d'esprits divers qui les ont lus à travers tant de siècles; j'attache la plus grande importance aux doctrines, aux traditions, aux rites même du culte extérieur. Rien de ce qui donne une forme et une voix à l'âme humaine ne me laisse indifférent. Mais jamais aucun écrit, aucune parole, aucune cérémonie, quelle qu'en fût l'imposante majesté, ne m'a ému comme, le soir, sur l'oreiller, la prière de mes petits enfants.

*
* *

Ce qu'il y a de plus solide dans la religion nous l'avons reçu comme enfants. Cela s'est logé plus bas que les opinions raisonnées et les croyances apprises, dans ce domaine où les premières impressions sont comme confondues avec les racines de l'être. Cette religion-là vient avant les dogmes, avant les distinctions de sacristie, c'est la pure et simple piété. Elle survit aux orages de la pensée, aux transformations des credo. Elle est un lien entre tous ceux qui sont pieux, humainement pieux, peu importent leurs formules. La culture de cette religion encore anonyme, sans drapeau ni estampille, est une chose essentielle. Plus on avance dans la vie, plus il faut s'y tenir. Rien n'est plus capable de vivifier la foi en général, de faire remonter la sève au vieil arbre des croyances séculaires et de faire pousser quelques rameaux verts parmi tant de branches mortes. Rien ne serait plus apte à créer, entre croyants d'orientation diverse, un terrain de fraternité. Nous aurions alors un peu moins de formalisme, de fanatisme, d'hypocrisie, moins d'hostilité religieuse, de diplomatie ecclésiastique ; mais plus de foi véritable, plus de soutien effectif pour vivre et mourir. Et peut-être de temps en temps les fidèles des divers sanctuaires en arriveraient-ils à pouvoir dire ensemble comme les enfants le soir : « Notre Père qui es aux Cieux. » Je serais disposé à offrir bien des sacrifices sur l'autel de cette religion-là, et je me sentirais bien heureux de m'asseoir en silence parmi les fidèles de tous les cultes, devenus ainsi vraiment des Frères, pour m'entendre dire en joignant les mains : « Mes petits enfants, aimez-vous les uns les autres. »

*
* *

Il est difficile d'énumérer tout ce que la religion doit à la famille. Sa vitalité est en raison directe de ce qu'elle en reçoit et de ce qu'elle lui donne. Une religion réduite à des cérémonies publiques sans écho au foyer, dédaigneuse de l'autel domestique, jalouse du monopole de la propagation des doctrines et que les pères et les mères ne contribuent pas à enseigner, ne peut que décroître en influence. Peut-être est-elle garantie contre les transformations qui naissent de l'initiative des individus. Mais elle perd lentement le contact avec la vie, avec les âmes et les consciences. Elle descend au rang d'un costume de théâtre, que l'on dépose avec aisance une fois la pièce jouée.

Quand les institutions officielles en qui la religion s'incarne, les dogmes qui lui servent de véhicule, ont gagné de l'âge et de l'importance, on les voit quelquefois oublier leurs origines. Pareilles à des nobles qui ne se souviennent plus de la roture des aïeux, ces puissances majestueuses se persuadent qu'elles ne descendent que d'elles-mêmes, et c'est une faiblesse autant qu'une ingratitude. Il y a dans l'Ancien Testament une page merveilleuse qui devrait les ramener à une appréciation plus juste. Tout le monde connaît l'épisode du songe de Jacob. Fugitif, ayant à ses trousses son frère animé d'un ressentiment légitime, harassé d'émotion et de fatigue, seul dans cette nuit du désert où toujours rôde quelque fauve, le jeune homme se laisse tomber sur le sol et prend pour oreiller une pierre. Son cœur est plein d'angoisse et de douleur, il se sent perdu dans le vaste monde hostile et froid. Mais la lassitude l'emporte, Jacob s'endort et son rêve est aussi beau que la réalité était sombre. Sur une échelle de lumière montant jusqu'au ciel, il voit les anges secourables monter et descendre : Dieu même se met à lui parler. Et que dit-il? Il dit : « Je suis l'Éternel, *le Dieu d'Abraham ton père et le Dieu d'Isaac.* »

Ainsi donc le roi des rois, le seigneur des seigneurs, l'absolu qui demeure dans l'inaccessible lumière, auprès de cet enfant, *se recommande* du père et du grand-père. Il semble lui dire : « Ne crains rien, je suis avec toi, tu peux avoir confiance, tes pères me connaissent. » Quel plus grand hommage pourrait jamais être rendu au foyer des hommes? Celui qui eût pu dire : « J'ai fait les soleils et les étoiles, les montagnes et les océans, je suis dans la tempête et dans la brise légère, dans l'éclat des jours et dans les ténèbres de minuit », préfère se réclamer d'un souvenir de famille. Il veut tenir à l'homme par le même lien qui fait que les pères tiennent aux enfants.

On pourrait dire aux religions et à leurs représentants : Méditez cette page. Vous vous réclamez de votre antiquité, de votre autorité, de votre puissance, de la solidité de vos constructions dogmatiques, de la splendeur de vos temples. Certes tout cela ne manque pas de valeur. Pour nos intelligences, nos imaginations, nos oreilles et nos yeux, il y a là de quoi convaincre, fasciner, surprendre, charmer, entraîner. Mais il est un sentier caché qui conduit plus loin que ces choses, qui conduit au centre des êtres, au cœur. Celui qui marche sur ce sentier est le plus fort. Croyez-en le Dieu qui l'a tracé et n'a jamais dédaigné d'y marcher lui-même.

*
* *

Marquons enfin un dernier emprunt dont les éléments sont fournis par la maison paternelle et les images qu'elle évoque. Tout toit est fragile, tout foyer s'éteint. Le nid est déchiré par le temps ou l'orage, et les habitants dispersés à tous les vents. Et sur les débris de la demeure qui nous vit grandir, parmi les ruines que la vie va multipliant, la nostalgie nous prend d'une demeure éternelle. Notre espérance est en une cité permanente où il n'y aura plus ni deuil ni séparation, où plus personne ne sera orphelin, perdu, solitaire, où les pèlerins arrivés au but secoueront leur poussière et déposeront leur bâton, où la famille enfin complète, immense, réconciliée, se reposera dans la grande paix de la maison paternelle.

Et nous t'en aimons mieux encore, humble toit de la terre, puisque tes liens et tes affections sont l'humaine prophétie d'un accomplissement divin, puisque tu es le symbole d'un abri qui n'a pas été construit par des mains mortelles, et dont Jésus a dit : *Il y a beaucoup de demeures dans la Maison de mon Père.*

TABLE DES MATIÈRES

Chapitre I. — Le toit.. 1
—   II. — L'esprit de famille......................... 13
—   III. — Deux font un.................................. 26
—   IV. — Paternité, Maternité...................... 45
—   V. — Une pépinière d'hommes. — Parents et
          enfants.. 59
—   VI. — Frères et sœurs............................. 79
—   VII. — Têtes blondes et têtes blanches........... 96
—   VIII. — Ce que font ceux qui ne font plus rien...... 112
—   IX. — Nos serviteurs............................... 128
—   X. — Nos bêtes..................................... 138
—   XI. — L'ordre dans la maison...................... 150
—   XII. — Mains diligentes, doigts de fée............ 158
—   XIII. — Les jours mauvais.......................... 172
—   XIV. — Les beaux jours............................. 185
—   XV. — L'hospitalité................................ 193
—   XVI. — La bonne humeur en famille................. 206
—   XVII. — Les relations, les amis. — Nos amis les
          pauvres... 213
— XVIII. — Quand les oiseaux quittent le nid........... 224
—   XIX. — Quand les oiseaux reviennent au nid........ 244
—   XX. — Foyers dévastés. Veuves et orphelins....... 257
—   XXI. — Souvenirs, traditions, reliques............ 269
—   XXII. — La religion du foyer....................... 277

Coulommiers. — Imp. P. BRODARD. — 3C6-08.

Armand COLIN & Cie, Éditeurs, Paris.

Notes sur l'Art moderne, par M. ANDRÉ MICHEL. 1 vol. in-18 jésus, broché. 3 50

M. André Michel a réuni dans ce volume quelques notes pouvant servir à l'histoire de la peinture française du siècle. Dans la première partie, l'œuvre de Corot, de J.-F. Millet, d'Ingres, de Delacroix, de Meissonier et de M. Puvis de Chavannes est étudiée et résumée dans son origine, son milieu et son action. Dans la seconde partie, l'auteur s'est efforcé de signaler, à propos de quelques œuvres marquantes ou caractéristiques, les tendances les plus intéressantes et les tentatives les plus significatives de l'art moderne dans la peinture religieuse, le portrait, le paysage et l'interprétation de la vie, en rattachant toujours le présent au passé, et la critique à l'histoire.

Le livre, qui commence par une étude sur Corot et le paysage moderne, finit par une étude sur l'impressionnisme et son rôle dans la peinture contemporaine.

Petite Histoire de l'Art, par M. HENRI MOTTE. 1 vol. in-8°, *100 gravures*, broché.... 7 »

En un volume de 300 pages, l'auteur a entrepris d'exposer une vue générale de l'*Histoire de l'Art* à travers les temps et les nations. Il en recherche chez l'homme primitif les premières manifestations; puis ce sont les préoccupations de l'abri, de la défense, du culte de la divinité, de la parure, qui donnent naissance à l'architecture, à la sculpture, à la peinture, et nous en pouvons poursuivre l'épanouissement sous l'influence des diverses civilisations dont chacune imprima à l'art un caractère propre.

Rien d'intéressant comme cette étude de l'influence du milieu géographique et du milieu historique sur les conceptions de l'artiste et la condition matérielle de son œuvre.

A chaque page, une gravure vient éclairer le texte, et ces reproductions des chefs-d'œuvre de tous les genres forment un choix irréprochable.

Armand COLIN & Cie, Éditeurs, Paris.

Spectacles contemporains, par M. le

vicomte E.-MELCHIOR DE VOGÜÉ, de l'Académie française. 1 vol. in-18 jésus, broché. 3 50

En retraçant les « spectacles » qui ont le plus vivement frappé l'imagination des contemporains au cours des dernières années, l'auteur s'est proposé d'écrire quelques chapitres de ce qui sera plus tard l'Histoire de notre temps.

Le rôle actuel et les transformations de la Papauté, les tragédies de la mort, en Russie et en Allemagne, les changements amenés par ces tragédies dans la vie des deux empires, l'ouverture simultanée de l'Asie centrale et de l'Afrique au génie européen, l'expansion de nos races dans ces deux mondes nouveaux, tels sont les faits auxquels l'écrivain s'est attaché de préférence, en essayant de déterminer leurs causes et leurs effets dans l'histoire générale de cette fin de siècle.

L'ouvrage est écrit en une langue étincelante et chaude, traversée de grands souffles poétiques.

Devant le Siècle, par M. le vicomte E.-MEL-

CHIOR DE VOGÜÉ, de l'Académie française. 1 vol. in-18 jésus, broché. 3 50

Ce livre fait repasser sous nos yeux quelques-unes des figures illustres qui ont incarné la vie française, depuis cent ans : politiques et conspirateurs du Directoire, avec Lareveillère-Lépeaux et d'Antraigues, ministres et soldats de Napoléon, avec Chaptal et Ney, doctrinaires de 1830, avec l'entourage de M. de Barante et de la duchesse de Broglie. Nos gloires militaires s'évoquent avec le maréchal Canrobert ; et M. de Vogüé retrace avec ses propres souvenirs nos malheurs de 1870. Il rend témoignage à notre génie toujours vivant, sur les tombes de Taine et de Pasteur, devant les œuvres de nos poètes et de nos artistes ; la revue du Siècle, commencée au panorama qui en groupait les grandes figures, s'achève à l'Exposition de la lithographie, devant les petites images où les caricaturistes tirent la morale ironique de notre vie.

N° 103.